JN011059

Q&A よくある疑問を徹底解説

海外出張・出向・外国人の税務［第3版］

徳山 義晃　森村国際会計グループ代表　森村 元 著

税務経理協会

第３版　はじめに

2023年，ついにコロナの規制もほぼ解禁となり，海外との往来が戻ってきました。一方で，為替レートは1ドル＝150円程度となり，本書籍の初版を上梓した時のレートと比べ，1.5倍程度になり，日本人が海外に行く経済的なハードルは以前より高くなった面もあります。その反面，インバウンドは活況を呈しており，海外ビジネス自体は増加傾向にあるとみています。

海外ビジネスはレートや世の中がどう動こうとも，新たなビジネスが生まれ，国内のみのビジネスと比較して様々なチャンスがある分野ということができるのではないでしょうか。

前著はたくさんの税務，人事，法務の専門家，企業の財務，総務部門の御担当者など幅広い方々から御好評をいただきました。おかげで，本改訂第３版を出版できることとなりました。第３版では従来の情報をアップデートしたのに加え，筆者が経験した事例である台湾出張者の個人所得税，住民票にまつわるトラブルとその解決策，中国人留学生の免税措置や，新規定である中国の個人所得税改正，国外扶養親族関係書類などを新たにQAとして加えております。だんだんと国際税務も内容が深く，マニアックになっている面もありますが，実際に経験した事例も参考に執筆していますので，楽しんでいただければ幸いです。

なお，本書の執筆にあたっては，共著の税理士徳山義晃先生，税務経理協会の小林規明氏に前著同様大変お世話になりました。感謝申し上げます。また，第３版まで順調に執筆できたのも，弊社お客様，提携事務所様，日ごろ御指導いただいている各分野の先生方，弊社スタッフ等，筆者に関わってくださった全ての皆様のおかげです。この場を借りて感謝申し上げます。ありがとうございます。

本著が前著に引き続き，海外ビジネスで活躍される方のお役に少しでも立てば，著者としては望外の喜びです。海外ビジネス，国際交流は苦労も多いですが，喜びも大きいものと筆者は考えています。皆様の海外ビジネス，国際交流が素晴らしいものとなるよう祈念しております。

2024年1月

森村国際会計グループ

代表　税理士・行政書士　**森村　元**

第３版刊行にあたって

壮年に差し掛かる私事ではありますが，11 月の某日，約十数年ぶりに英語の技能を測る TOEIC を受験しました。ここ最近は，会場受験だけではなく団体受験としてオフィスの自席又は自宅でも受験が可能となっているようです。今になって，この歳で，何故，英語の試験を受けることにしたのか？　その理由は次の３つの事がきっかけでした。

2020 年春以降のコロナ禍による企業や個人の渡航制限や外出禁止が，経済のグローバル化を一時期，停滞させることとなりましたが，場所を問わないリモートワーク（会議）を浸透させ，2022 年春以降のロシアによるウクライナへの軍事侵攻等が，地政学・経済安全保障の観点から保護主義に走りやすい風潮を呼びおこすなか，2023 年度の訪日外国人数はコロナ禍前の 2019 年度比で約 70% まで急回復してオーバーツーリズムという言葉を目にする，耳にする機会が増えている状況となっています。

この事は，私にコロナ禍以降の日本が企業も個人も少子高齢化という課題を抱えるなかで，足りない知識は外国から学び，足りない人材は外国から招き，小さくなる市場は外へ取りに行き，又は内へ呼び込む努力が必要不可欠な時代に入ったことを強く感じさせ，それが外国語の習得の気持ちを呼び起こさせた，というのが受験の率直な理由となります。

さて，日本の企業及び個人の国際化がこれまでとは異なる段階へ益々深まるなか，今回の改訂第３版には，国外転出時課税制度，ストックオプション課税やインドやタイにおける出向社員の PE 認定など沢山のトピックを新たに追加しております。本書が引き続き読者の皆様のお役に少しでもなれましたら，こんなに嬉しいことはありません。

最後に，改訂第３版の執筆でも共著した森村元先生，出版にあたり今回も大変お世話になった税務経理協会の小林規明氏に心より感謝申し上げます。本当にありがとうございます。また，初版から今回の改訂第３版までの様々な事例の執筆などに協力して頂いた税理士法人山田＆パートナーズの沢山の同僚にも心より感謝を申し上げます。本当にありがとう。皆様のおかげで，これまで続けることができ，これからも続けることができます。

なお，本書籍の内容は，著者の個人的な見解であり，税理士法人山田＆パートナーズの公式見解ではないことをお断り申し上げます。

2024年１月

税理士　**徳山 義晃**

目次
CONTENTS

第1章 海外出張者の税務上の取扱い

第2章 海外出向者の税務上の取扱い

第3章
外国人社員等の税務上の取扱い

【凡例】

通法 …………… 国税通則法

所法 …………… 所得税法

所令 …………… 所得税法施行令

所規 …………… 所得税法施行規則

法法 …………… 法人税法

法令 …………… 法人税法施行令

相法 …………… 相続税法

措法 …………… 租税特別措置法

復興財源法 …… 東日本大震災からの復興のための施策を実施するために必要な財源の確保に関する特別措置法

実施特例法 …… 租税条約等の実施に伴う所得税法，法人税法及び地方税法の特例等に関する法律

実施特例法令 … 租税条約等の実施に伴う所得税法，法人税法及び地方税法の特例等に関する法律の施行に関する省令

地法 …………… 地方税法

所基通 ………… 所得税基本通達

法基通 ………… 法人税基本通達

相基通 ………… 相続税法基本通達

評基通 ………… 財産評価基本通達

措通 …………… 租税特別措置法通達

第1章

海外出張者の税務上の取扱い

Q1　出張者の概念　出向者との相違

CHAPTER 1

弊社は海外（中国）に子会社を有しており，現地駐在員以外にも，日本本社所属社員が何人か短期的に業務支援のため働いています。しかし，駐在員と出張者の税務上の違いがあまりよくわかっていません。出張者は中国での滞在期間が 183 日を超えると現地で納税をしなければならないと聞いたのですが，それは出向者になるということでしょうか？　また，出張者と出向者に税務上明確な違いがあるのでしょうか？

結 論

1　出張者について海外で納税義務が発生する場合

出張者の課税については子会社が所在する国との租税条約によりますが，米国や中国など一般的な租税条約締結国とは，当該海外での滞在が 183 日を超過すると短期滞在者免税の適用がなくなり，現地でその国（非居住国）の国内源泉所得について，日本人社員の所得税を納税する必要が生じます。ただし，それはあくまで「出張者として納税する」ということです。つまり，居住国は日本であり，メインの納税地は日本となります（国により，出張地でも居住者となり，二重居住者となる場合もあります）。これに対し駐在員は通常海外居住者となっており，日本では非居住者であるため日本では居住者としての納税は通常行いません。

2　出張者と出向者の税務上の違い　居住者か非居住者か？

一般的な出張者，出向者の定義については，①出張者は「日本親会社所属で日本の居住者である者」，②出向者は，「海外現地法人へ出向し，日本の非居住者となり，出向先の国で居住者（現地の税法によっては，非居住者）となっている者」です。税務上は，一般的には出張者＝日本の居住者，海外では非居住者（現地の税法によっては，一定の場合には居住者），出向者＝日本の非居住者，海外の居住者（現地の税法によっては，一定の場合には非居住者）という取扱いにしているケースが多くなっています。

ポイント

▶ まず対象者である社員が税務上，どこの国の居住者になるかを確認します（居住国として税金を払う国）。

▶ 日本居住者の場合でも，一定の場合は出張先の国でも納税の必要があります。出張先の国で納税の必要が生じる要件については，租税条約締結国の場合，租税条約が優先適用されることになりますので，租税条約の給与所得条項の短期滞在者免税部分を確認します。

■居住者，非居住者の課税関係イメージ図

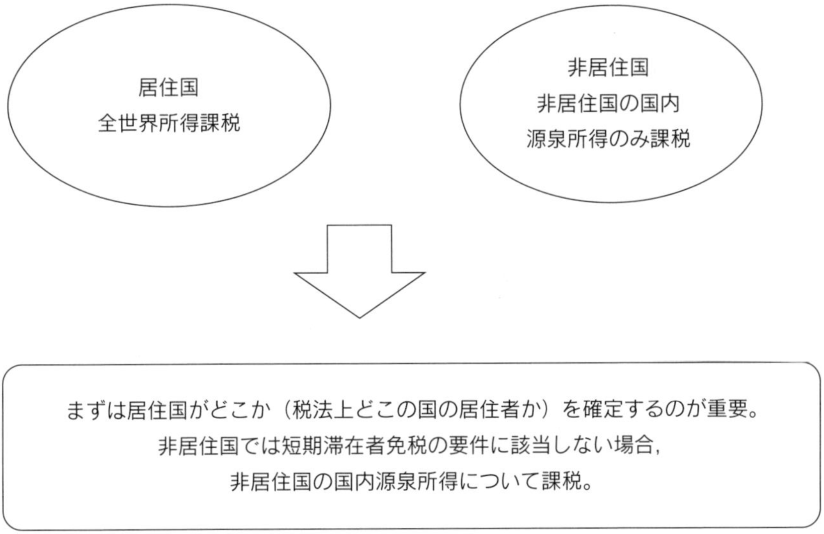

▶　日本居住者で，出張先の国でも課税が生じた場合，同じ所得に対し日本と出張先の国で二重に課税がされていることになります。日本では，要件を満たせば確定申告を行うことにより外国税額控除の適用が可能です。

▶　一般的な運用として，本社所属の社員は出張者，海外拠点の駐在員として海外に常駐する社員は出向者とする場合が多くなっています。

解説

1　日本の所得税法上の居住者の定義

(1) 継続して 1 年以上居住することを通常必要とする職業を有する場合→駐在員

上記のとおり所得税法において，居住者は「国内に住所を有し，又は現在まで引き続いて 1 年以上居所を有する個人をいう」とされ，非居住者は「居住者以外の個人をいう」と定義されています（所法 2）。抽象的な定義ですが，この定義を補足するための所得税法施行令では，「非居住者と推定する場合」として，「国外において，継続して 1 年以上居住することを通常必要とする職業を有すること」（所令 15）と例示されています。

(2) 所得税法上，駐在員は「国外において継続して 1 年以上居住することを通常必要とする職業を有する」と解される

所得税法における居住者の定義は抽象的ですが，上記の施行令の推定規定によりかなり具体的な範囲が定められることとなります。海外子会社の駐在員であれば，「国外において継続して 1 年以上居住する職業を有する」として非居住者であると取り扱うのが妥当と考えられ，一般的な感覚である「駐在員＝日本の非居住者」という運用が実務上多くなされています。また，社内の辞令などで 1 年以上の海外勤務であることを証明するような書類があれば，より税務上の説明がしやすいこととなります。

(3) 駐在員＝日本の非居住者は一般的運用だが本来は総合的判断

これがさらにビザによる形式的な判断にまで至っている場合（「海外で就労ビザを持っているから非居住者である」というような）もあるようですが，この所得

所得税法　居住者，非居住者定義

所得税法　第２条
居住者
国内に住所又は１年以上居所を有する個人

所得税法　第２条
非居住者
居住者以外の者

所得税法施行令　第15条
非居住者の推定（一つの手掛かり）
国外において，継続して1年以上居住することを通常必要とする職業を有すること

↓

一般的運用
海外子会社駐在員は，非居住者となる 場合が多い
（ただし，本来は実態に基づく）

税法施行令の「職業を有する」はあくまで推定規定であるため，実際にはこれらを手掛かりとして実態に基づき総合的に判断をしていくのが正しい取扱いです（ただし，現状わかりやすいので，実務的には「駐在員＝日本の非居住者」という感覚が広く認識されている面もあります)。例えば，就労ビザを取得していても国外居住期間が１年以内であれば日本の居住者のままという取扱いも考えられますし，逆にビザがなくても実態としては非居住者だということも有り得ます。ただし，その際は上記の推定規定がありますので，「国外に１年以上居住することを必要とする職業を有する」に近しい状況であることをより明確に説明できる準備をしておく必要があるでしょう。

2　租税条約の短期滞在者免税（中国の場合）

国内法上，国内源泉所得は，非居住者であっても国内で所得税が課税されます（所法５)。しかし，日本は多くの国と租税条約を締結しており，租税条約締結国の場合は，多くの場合短期滞在の場合は相互で免税とすることとされて

おり，租税条約が国内法に優先して適用されることとなります。中国の場合は，日中租税条約第 15 条に下記の三つの要件が規定されています。

① 報酬の受領者が当該年を通じて合計 183 日を超えない期間当該他方の締約国内に滞在すること
② 報酬が当該他方の締約国の居住者でない雇用者又はこれに代わる者から支払われるものであること
③ 報酬が雇用者の当該他方の国の締約国内に有する恒久的施設又は固定的施設によって負担されるものでないこと

上記要件を満たせば，短期滞在者免税の適用があり，居住国のみでしか所得税が課税されないこととなります。なお，これらの 3 要件は，租税条約が通常は OECD モデル条約に準拠して作成されているため，他の多くの国との租税条約でも概ね同様です。

(1) 3 要件を全て満たす必要がある（現地法人からの現地通貨の支給に注意）

なお，上記 3 要件全て満たさないと短期滞在者免税の適用はありませんので，注意が必要です。短期滞在者免税は，「183 日ルール」とも呼ばれ上記 3 要件のうち，「暦年で 183 日以内」という要件が広く知られており，この要件しかないものと勘違いをしている方が少なからずいます。しかし，他の二つの要件も満たさなければ適用はありませんので，非居住国から給与の支給がないか，出張者の業務が恒久的施設（PE）に該当しないかについても確認が必要です。特に実務上多くみられるミスが，出張者も現地通貨が必要だからといって，現地子会社から現地通貨で出張者に給与を支給してしまうというものです。現地企業から給与を支給すると短期滞在者免税の要件を満たさなくなりますので，当該給与対応分について現地でも納税が必要となってしまいます。

(2) 新個人所得税法では 183 日以上滞在の外国人は居住者

なお，中国で 2019 年から施行された新個人所得税法では，183 日以上中国に滞在している外国人は，中国の個人所得税法上，居住者となることとなっています。

3　二重課税と外国税額控除

なお，日本居住者である出張者が外国で出張時に日本の所得税に相当する税金を課された場合は，同一の所得について，日本と海外で二重課税が生じることとなります。その場合，救済措置として一定金額まで日本の所得税から外国で納税した所得税を控除することができる外国税額控除の適用が認められています（所法 95）。ただし，日本の外国税額控除や海外での外国税額控除は要件や特徴があり，単純に課税されたものが控除されるというわけではありませんので，ご注意ください（Column03 参照）。

4　駐在員と出張者の税務，ステータス

上記の関係から，一般的な駐在員，出張者のビザと税務の関係をまとめると以下のとおりとなります。ただし，下記は一般的なパターンであり，①ビジネス用語としての「出張者」，「駐在員」，②出入国管理及び難民認定法（以下，入管法）上（ビザ）の就労，商用，ノービザ，③税務上の「居住者」，「非居住者」は全て異なる概念であることに留意してください。

一般的なステータス

区分	日本の所得税法上の区分	海外での個人所得税課税	ビザ	給与負担
出張者	居住者	要件に該当した場合に相手国国内源泉所得にのみ課税	ノービザ，商用ビザ，場合により短期就労	日本法人負担（一定の場合には，海外からの対価回収要）
駐在員	非居住者	相手国国内源泉所得が相手国で全額課税（場合によっては日本の所得も課税）	就労ビザ	海外拠点負担（一定の場合には，日本親会社負担分も損金算入可能）

Q2 出張国での滞在日数と租税条約

CHAPTER 1

海外に出張で滞在する場合，日本が租税条約又は租税協定を締結している国又は地域においては，短期滞在者の免税規定で 183 日若しくは 180 日ルールが適用されると聞きますが，この滞在日数はどのように計算されるのでしょうか？

また，2023 年の 12 月 1 日からタイの現地販売会社へ社員 A を出向させる予定で，本年のタイにおける滞在日数は 31 日となります。この場合，日本・タイ租税条約における 180 日以下のため本年はタイにおいて所得税を申告・納付する必要はないですか？

なお，本年はタイの現地法人からは給与は支給せず，当社が日本払いで支給します。

結 論

租税条約又は租税協定における短期滞在者の免税規定の滞在日数の計算方法は，入国した日，出国した日のいずれも 1 日として計算します。また，租税条約等の短期滞在者の免税規定は一方の国から他方の国への出張者に適用されるルールで，海外出向者（海外駐在員）には適用されません。したがって，社員 A の本年のタイにおける滞在日数が 31 日で，タイの現地法人が給与を負担していなくてもタイ国内における勤務で給与の支給を受けていることからタイで所得税を申告・納付する必要があります。

ポイント

▶ 租税条約の短期滞在者の免除規定には滞在日数の算定方法は規定されてい

ません。

- ▶ OECD モデル条約第 15 条関係のコメンタリーパラグラフ 5 では，到着日，出国日も滞在期間に含まれるものとしています。
- ▶ 短期滞在者の免税規定は，一方の国から他方の国への出張者を対象にしています。
- ▶ 社員 A は出張ではなく，出向でタイへ入国したため，タイで勤務したことにより支給を受ける給与はタイの所得税を申告・納税する必要があります。

解 説

1　租税条約の短期滞在者免税の適用要件

一般的な租税条約では，①暦年の相手国での滞在日数の合計が 183 日を超えないこと，②国外の雇用主等が給与を負担すること，③国内の拠点・場所（恒久的施設）に実質的に給与を負担させない，の三つの要件が定められています。この三つの要件の全てを満たしている場合は，非居住者として短期滞在している相手国において給与所得課税は生じません。

2　短期滞在者の滞在日数の算定方法

上記のとおり，租税条約等では短期滞在者免税の適用要件の一つである滞在日数の算定方法について規定を定めておりません。しかし，OECD モデル条約第 15 条関係のコメンタリーパラグラフ 5 は，短期滞在者免税の適用要件である滞在期間について，1 日のうちの一部，到着日，出国日及び役務提供地での休日等の日数も滞在期間に含まれるものとしています。したがって，滞在日数の算定方法は，滞在期間における物理的な滞在日数の合計によって算定されるべきものと解されており，滞在日数の合計が 183 日を超えるか否かは，入出国の日のいずれの日も含めて算定することになります。

3　日本の所得税法における居住者・非居住者の判定

海外勤務期間が当初より1年以上である場合は，出国の日の翌日から，非居住者として取り扱われます（所令15①）。社員Aがタイへ駐在のため本年11月30日に日本を出国したならば，その翌日の12月1日から日本に住所はないと推定されます。

4　非居住者の課税所得の範囲（給与所得）

非居住者における課税所得（給与所得）の範囲は国内源泉所得に限られ，社員Aが当社の役員を兼務している場合を除き，本年12月のタイ国内の勤務に関連して当社から支給を受ける給与はタイ国内源泉所得となり，日本において課税は生じません。もちろん，当社において所得税の源泉徴収も必要ありません（所法2，5，7，183，185，212，213，復興財源法28）。

5　タイの個人所得税

タイの個人所得税法では，納税義務者（外国人）を居住者と非居住者に区分し，居住者及び非居住者の判定は暦年ごとにタイにおける滞在日数の合計が180日を超えるか否かで判定します。居住者はタイ国内源泉所得とタイ国外源泉所得のうちタイ国内へ送金された所得を課税所得の範囲とし，非居住者はタイ国内源泉所得が課税所得の範囲となります。説例の社員Aの給与所得は，タイ国内源泉所得となり，タイで所得税を申告・納付する必要があります（タイ国歳入庁ホームページ）。

Q3 短期滞在者免税と租税条約について

CHAPTER 1

海外出張の給与に係る海外の個人所得税の納付に関して，「短期滞在者の免税」，「183 日ルール」「租税条約」という言葉をよく耳にしますが，これはどういう意味なのでしょうか？

結論

国際課税における一般的な考え方は，①居住者に対しては居住地管轄に基づき全世界所得に課税し，非居住者に対しては所得の源泉地管轄に基づき国内源泉所得に課税します。国境をまたぐ国際間の往来をする個人について，所得源泉地国を厳格に運用し，各国の国内税法に基づき給与所得課税をしようとすると実務が煩雑になります。そこで，二国間のルール（租税条約）により，一定期間以内（ほとんどのケースで 183 日）の滞在の場合は実際に勤務が行われる所得源泉地国での課税を免除しようとする短期滞在者免税の定めが設けられています。

ポイント

① 租税条約とは二重課税の排除等を目的として，二国間で締結される租税に係る条約をいいます。

② ほとんどの租税条約の給与所得規定には，短期滞在者に関する免税の規定が置かれています。

③ 滞在期間（ほとんどのケースで暦年 183 日）の日数が要件の一つになっています。

解 説

1　租税条約の短期滞在者免税

2023年9月現在，日本の締結した二国間租税条約で，二重課税の回避と脱税の防止を主な目的とするものは85本，153カ国に適用されています。このなかで給与の規定において所得源泉地（給与の所得源泉地は個人が役務を提供している国・地域とされます）の課税については，滞在期間やその給与の支払者（又は実質的な負担者）について，しばりを置き，短期の滞在者に関わる給与に対しては課税を免除することとしています。他方，日本と租税条約を締結していない国・地域に出張する場合は，その国・地域の国内法により，滞在期間が183日以内であっても給与所得課税を受けることがあります。

2　短期滞在者免税の３要件

一般的な租税条約では，

①　暦年の相手国での滞在日数の合計が183日を超えないこと

②　国外の雇用主等が給与を負担すること

③　国内の拠点・場所（恒久的施設）に実質的に給与を負担させない

の三つの要件が定められています。この三つの要件の全てを満たしている場合は，非居住者として短期滞在している相手国において給与所得課税は生じません。なお，前記①について，日本と米国が締結している租税条約では滞在日数を暦年で183日を超えるか否かを計算せず，過去12カ月間における滞在日数が183日を超えるか否かで判定します（日米租税条約14：給与所得）。

Q4 出張者のビザ（中国を例），商用と就業との相違

CHAPTER 1

中国に社員を駐在員として派遣しますが，商用のＭビザと就労のＺビザがあると聞きました。Ｍビザは最大90日間連続で滞在でき，期間が３年のものもあると聞いています。それに対しＺビザは，審査も時間がかかり期間が１年と聞いていますので，Ｍビザでも良いでしょうか？

また，ＭビザとＺビザの実質的な違いはなんでしょうか？

結論

1　ビザと税務（税務は実態で総合的に判断）

ビザはよく税務と混同されている場合がありますが，あくまでその国へ滞在する許可証であり，出入国管理及び難民認定法等（以下，入管法）により取得が要求されているものです。ゆえに，どのビザを取得すべきかは，その国の入管法等や就労法に沿って判断していく必要があります。税務上の納税義務は，税法に基づき判断することとなり，ビザと直接の関連は本来ありません（ただし，多くのケースで，入管法上のビザの種類と，税法上の居住者，非居住者の区分が結果的に一致するケースが多いため，「ビザ＝居住者」と形式的に判断してしまう場合があると思われます）。

2　Ｚビザ（就労）とＭビザ（商用）の相違

中国では，現地で外国人が就労するには，Ｚビザが必要です。それに対し，就労ではなく，出張などで中国に滞在する場合は，Ｍビザという商用ビザがあります。ゆえに，現地で就労する場合は，Ｚビザ，本社所属のまま出張で商談等の業務を行う場合はＭビザと，実態に応じたビザを取得する必要があり

ます（1年以内の短期であっても就労ビザの取得が必要となる場合もあります）。種類の判断の場合は，期間ではなく，あくまで業務の実態に応じたビザを取得する必要があり，Zは中国で働くことのビザ，Mは就労ではなく，あくまで中国に出張できて，商談などを行うことのみ許可されたビザとなります。

ポイント

▶ 中国での業務実態，目的を確認します。

▶ 目的に応じたビザの取得を検討します。

▶ 各種ビザには要件があり，地域差もあるため事前に取得予定の地域で要件などを確認する必要があります。

▶ 滞在が認められる期間内であっても，ノービザや取得したビザと異なる目的で滞在していた場合，問題になる可能性があります。

解 説

1 ビザの法的な位置付け（入管法）

ビザはその国で外国人が滞在するための許可証であり，滞在の目的として就労や商用，観光等，様々な種類のものがあります。一般的に，企業の駐在員や出張者といった場合，そのビジネス上のカテゴリー別にビザと税務が自動的に判定されると思われている場合もあるようですが，社内のカテゴリーとビザ，税務は異なります。以下の点等について，ビザ，税務でそれぞれ個別に種類や納税義務を判定する必要があります。

① ビジネス上の駐在員,出張者などの区分(当然,各会社で具体的な定義は異なる)

② ビザの種類

③ 税法上の納税義務

例えば，社内では駐在員待遇，ビザはMビザ（出張者），税法上は海外居住者というケースもあり得ます。また，ビザがMビザ（出張者）だからといって，必ずしも居住者としての納税を免れるわけではありません。

2　ビザの種類（中国）

中国には数多くのビザの種類があります。しかし，実際の実務で企業の社員本人が取得するビザの多くは，Ｚビザ（就労ビザ），Ｍビザ（商用ビザ）となります。

▌中国のビザ種類（主なものを抜粋）

種類	内容
L	観光
M	商用，貿易
X1	長期留学（180 日以上）
X2	短期留学
Z	就労

※ビザの種類は非常に多いですが，民間企業の社員本人が通常の業務で取得するのは上記のうち，ＺビザとＭビザとなります。

上記状況で，企業が悩むのは「Ｍビザか？　Ｚビザか？」という点です。これは，出張者の短期滞在を目的とするならＭビザ，現地で実際に就労するならＺビザ，というのが基本的な考え方となります。

3　要件と確認方法

(1) ビザの種類

目的により取得しなければならないビザの種類が確定したら，次は，当該ビザの取得要件に該当するかを確認します。ビザの考え方は，どの国でも自国民の雇用保護等の観点からビザ発給は自国民ではできない業務のできる人材に限定する，というのが基本的な考え方です。駐在員候補を会社で決めても，ビザが取得できなければ赴任できませんので，要件をよく確認する必要があります。

(2) 要件

a　Ｚビザ

就労ビザになりますので，要件は厳格，かつ手続も煩雑です。また，

2017年4月よりポイント制も導入されています。許可条件には様々なものがありますので（ポイントで要件を満たさない場合も，外国専門人材等に該当すれば，要件充足が可能です），赴任予定者がどの要件を充足できるか事前確認が肝要です（外専発2016年151号）。

b　Mビザ

商用ビザであり，外国人が短期的に滞在して商談，会議，連絡業務などを行うためのもので，就労ビザとは異なります。中国側の企業などに招聘状を発行してもらう以外は，日本側の手続のみで完了します。

4　税務との関連

ビザの区別と，税務の居住者，非居住者は直接関係がありません。しかし，日本の所得税法において非居住者の推定規定に「国外において，継続して1年以上居住することを必要とする職業を有する」（所令15）などの推定規定があることから，ビザや駐在形態は一つの判断要素にはなります。

各法律の規定に基づいてビザ，税務の区分を行っていくと一般的には以下の図のようなパターンが多くなります。これは日本の所得税法における非居住者と推定する規定が，「国外において，継続して1年以上居住する必要のある職業を有する」（所令15）というものがあることも関係しています。就労ビザを取得していれば，客観的に海外に職を有すると証明しやすいというわけです。ただし，就労ビザを持っていても実態が日本の居住者であれば，日本の居住者になりますので，ビザは判断の一要素であり，税務上の居住者，非居住者の判定は総合的な実態で判断される点に留意する必要があります。

一般的なビザと日本の所得税法上の居住者，非居住者の区分例

ビザ	日本での所得税法上の区分
ノービザ，M（商用）ビザ， 1年未満のZ（就労）ビザ	居住者
1年以上のZ（就労）ビザ	非居住者

※正確には実態に基づき総合的に判断を行う

Q5 出張者のビザ（中国を例），商用と就業との相違，納税の必要性

CHAPTER 1

中国企業と新たな取引を検討しており，現地に出張者を派遣することになりました。中国はノービザで２週間滞在ができるそうですが，ビザの取得が必要でしょうか？　また，その場合中国での税金の納税は必要でしょうか？　また，出張で行った場合183日を超えると中国で納税をする必要があると聞きましたが，183日のカウントは年度ごとに行われるのでしょうか？

結論

1　出張目的とビザの必要性

中国での滞在自体は２週間以内であればノービザで可能でしたが，新型コロナ発生以降現在まで，日本人は全てビザが必要となっています。以前のようにノービザで中国に入国することはできませんのでご注意ください。

2　納税義務の有無

納税に関しては，出張者は日中租税条約の短期滞在者免税の要件を満たし，居住者に該当しなければ，中国で納税の必要はありません。逆に，要件を満たさなくなれば出張者であっても中国でも個人所得税の納税が必要となります。短期滞在者免税の適用要件は三つあり，183日以内滞在はその一つですので，他の二つの要件（①中国国内から給与が負担されていない，② PE関連の業務ではない）も同時に満たす必要があります。

3　PEに注意

なお，日本の居住者による出張で，日本からしか給与支給がない場合も当該

プロジェクトが恒久的施設（PE）と中国でみなされた場合は，給与はPEから支給されたものとみなして個人所得税の納税義務が生じますので，注意が必要です。

ポイント

- ▶ 中国での業務実態，目的を確認します。
- ▶ 中国での出張予定滞在日数，今後の出張予定を確認します。
- ▶ 暦年の中国滞在予定日数，給与の負担元を確認します。
- ▶ PEに該当しないかも確認し，個人所得税の納税義務を確認します。

解 説

1 中国での業務実態，目的の確認

業務と実態，目的を確認し，ビザ取得の必要性があるかを検討します。また，滞在予定日数も確認し，ビザの取得の必要性があるかを確認します。なお，中国は新型コロナ発生以降，日本人への短期滞在ビザ免除措置はなくなり，全ての渡中についてビザが必要となっています（2023年9月時点）。

（1）就労はできない

商用ビザは出張を前提としたものですので，滞在期間内であるからといって現地で駐在員と同様の就労業務を行うことは本来の趣旨に反しています。あくまで，日本本社所属社員が行う商用業務というのが法律で許可された活動です。

2 中国滞在予定期間の確認（様々な滞在期間・有効年数がある）

上記でビザ取得の必要性があるとなった場合は，滞在期間に応じて，どの種類のビザを取得するべきか検討します。これは同じ商用ビザでも連続して滞在できる期間や，有効期限など様々な種類があるためです。滞在予定日数に応じて最適なビザを検討します。

3　税務との関連

(1) 短期滞在者免税の要件充足の確認

三つの条件を充足しているか，確認します。条件を全て満たしていれば中国での納税は必要ありません。

(2) 中国現地法人から給与を支給してはダメ

上記三つの条件のうち，たまにみられる抵触事例が「現地法人から給与支給をしてしまう」というものです。「出張者も現地で現地通貨がないと不便だ」という気持ちはわかるのですが，給与支給をしてしまうと，短期滞在者免税の「国内における施設が負担したものでない」という要件を満たさなくなってしまいます。

(3) PE に要注意

三つの条件のうち，最も悩ましいのが PE です。PE に該当すると認定されると，当該出張者も PE 関連者として給与が国内で負担されたものとみなされます。多いケースが本社所属の技術者が，中国子会社に出張して技術支援を行うというものです。この場合，子会社から日本親会社に技術支援の対価を送金する場合も多く，その場合当該支援プロジェクトが税務上，PE と認定される場合があります。その場合，当該支援費について，企業所得税が課税されるとともに，関連出張者についても個人所得税の納税義務が生じます。

三つの条件を全て満たした場合のみ出張者の中国での個人所得税納税が不要となります。フローチャートにすると以下のとおりです。

出張者の個人所得税課税関係　フローチャート判定図

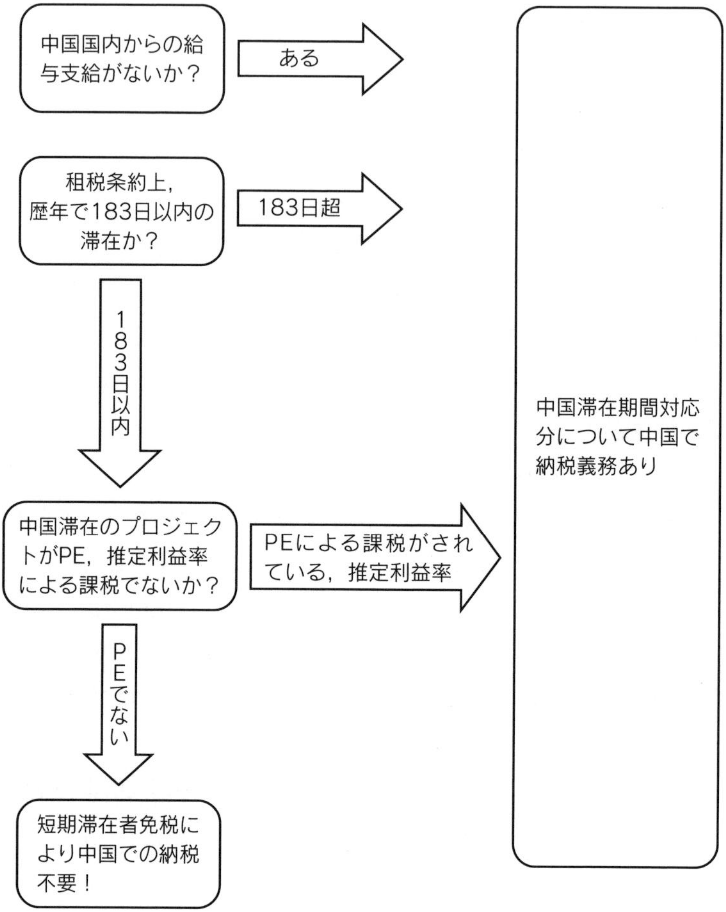

Column01　中国における PE 課税

1．PE 課税

① PE の原則説明

PE（Permanent Establishment：恒久的施設）とは中国に現地法人・駐在員事務所を有していない外国企業などが，出張などで中国にて事業を行う場合，登記上の現地法人がなくても，実質的には事業体があるとみなして課税するという，租税条約・国内法により定められている課税上の概念を指します。課税上の概念であるため，イメージしにくいものになっていますが，形式より実態に着目した課税であり，中国等新興国との租税条約では固定的施設がある場合だけでなく，役務提供の場合も PE 課税を行うのが特徴です（先進国同士の租税条約では役務提供 PE は規定していない場合が多くなっています）。

② 根拠規定

根拠規定は以下のとおりです。日中租税条約では下記のとおり役務提供 PE が規定されていますので，固定的施設がなくても PE として課税されます。

（1）日中租税条約第 5 条

日本の企業が中国国内において使用人その他の職員を通じてコンサルタントの役務を提供する場合には，このような活動が単一のプロジェクト又は複数の関連プロジェクトについて 12 カ月の間に 6 カ月を超える期間行われるときに限り，当該日本の企業は，中国国内に「恒久的施設」を有するものとされる。

（2）中国企業所得税法第 3 条

外国法人が中国国内に機構・拠点を設けている場合には，その機構・拠点が獲得した中国国内源泉所得，及び国外で発生したがその機構・拠点と実質的な関係のある所得に対して企業所得税を納付しなければならない。

③ PE 課税が行われた場合の課税関係

PE 課税が行われたときの課税関係は一般的には以下のとおりとなります。

（1）企業所得税・増値税

税務局が経費などからみなし利益率等により総収入・推定利益を算出し，

当該収入・推定利益に基づき，企業所得税25％及び増値税（業種により異なります）が課税されることとなります。

(2) 個人所得税

PE認定がされた場合，当該PEの関連者には日中租税条約の短期滞在者免税の適用がなくなり，日本本社負担の給与であっても中国国内負担給与として個人所得税が課税されます。

2. 非居住者による中国国内請負工事・役務提供の登記義務（国家税務局令2009年第19号）

また，上記のPEの原則のほか，2009年より開始された国家税務総局による非居住者の課税強化の方針から，非居住者が中国内で行う建築・コンサルティング等の請負契約を締結した場合，契約書の締結日から30日以内に管轄税務局への登記が義務付けられており，役務期間が6カ月以上となる場合は企業所得税の納税義務が生じます。

3. 会社の状況及びPE課税の可能性及び対策

① 理論的取扱い

出張者についても，理論上はPEの要件（プロジェクト期間合計が6カ月を超過する等）に該当した場合は，PE課税がなされます。プロジェクトのために中国へ滞在し期間（契約書単位ではなく，複数契約を同一プロジェクトとみなされる場合もあります）が6カ月を超過する場合，PEに該当するものと思われます。

また，契約を締結した時点で，理論的には税務局へ登記する義務があります。

②実務的取扱い

PE認定は通常は税務局からは判明しにくいという面はありますが，中国国外への送金の際に事前に源泉徴収納税が必要となるため，その際に企業所得税，増値税を源泉徴収されるケースが多くなっています。また，個人所得税については地税局により対応が分かれていますが，事後で納税を指摘される場合もあります。

Column02　日本のビザ・在留資格にまつわるエピソードあれこれ

～日本も厳しい。日本に置き換えるとよくわかる？～

※ビザは本来査証を意味しますが，ここでは便宜上在留資格のこととします。

外国人の方の日本でのビザ取得

日本企業の駐在員が海外で就労ビザを取る場合，それなりに手間がかかり，場合によっては要件を満たさず，取得できない場合もあります。そうした場合，「なんでこんなに厳しいのだ？」と思いますし，外国人にランク付けをするような中国の新制度の場合，「その国で働こうとしているのに，厳しいな」と思ってしまうかもしれません。しかし，一方で外国人の方が日本でビザを取得する場合は，諸外国に負けず劣らず厳しいビザの取得条件を課しています。

就労は高度な能力を持つ人材が基本

まず，日本のビザ取得要件も基本的に高度な能力を持つ人材を基本としています。中国の新ビザ制度で，学歴や語学要件などが課されていることが，厳しいとの声もありましたが，日本はそれを上回る厳しさのようです。また，一般的に役所の親切さということに関しては，一般的には，日本は中国より丁寧な対応を行ってくれる場合が多いですが，ことビザを管轄する入国管理局に関してはかなりの厳しさがあるという話も聞きます（これも，外国人を審査するという機能上必要とされている厳しさということなのでしょうか）。

Q6 海外長期出張中に海外出向（赴任期間1年以上）になった場合の取扱い

CHAPTER 1

当社の日本人社員Aは，2月よりインドネシアへ出張し，現地資本の会社との間の合弁会社設立のための交渉を行っていました。交渉の結果，10月に合弁会社を設立することとなり，現地合弁会社の取締役の1人に就任（2年）することが決まりました。

当社から社員Aに対して10月1日付で現地合弁会社への出向指示書を交付しています。

出張者から出向社員へ変更したことにより，暦年のインドネシア滞在期間が183日を超えることに併せて，税務上の取扱いを教えてください。なお，2月～9月までのインドネシアの滞在期間の合計は150日に及びます。

結　論

社員Aは出向指示書の交付のあった10月1日まで日本の居住者（インドネシアの非居住者）に該当し，10月2日以後はインドネシアの居住者となります。

したがって，10月2日以後に当社から社員Aに支払う給与のうち，インドネシア居住者となった日以後の勤務に起因する給与は日本国内源泉所得に該当せず，日本で課税は発生しません。また，社員Aは暦年でインドネシア滞在日数が183日を超えることとなりますが，日本・インドネシア租税条約（給与所得）の短期滞在者の免税規定の適用を受けることができます。

ポイント

- 出向指示書の交付のあった10月1日の翌日から非居住者に該当します。

- ▶ 非居住者となった日以後に支払う給与・賞与は，国内勤務に基因する国内源泉所得のみが，日本の課税の対象となります。
- ▶ 社員Aは出向指示書の交付を受けるまでの期間（2月～9月末まで）が183日以下なので，日本・インドネシア租税条約の短期滞在者免税が適用されます。

解 説

1 日本国内法（所得税法）の居住者・非居住者の区分と納税義務

インドネシアの合弁会社に2年の予定で出向することとなった日本人社員Aは，日本国外に継続して1年以上居住することが予定されていることから，非居住者に該当します。また，非居住者の納税義務は日本国内源泉所得に限定されます（所法7，164）。

2 国内源泉所得と勤務等が国内外の双方で行われた場合の国内源泉所得の計算

所得税法第161条第1項第12号イでは，国内源泉所得を国内において行う勤務に基因するものと規定しています。したがって，日本人社員Aが非居住者となった日以後に支給を受ける当社からの給与・賞与が日本国内において行った勤務に対応する期間がなければ課税は生じません。なお，所得税基本通達161－41では，非居住者が国内及び国外の双方にわたって行った勤務等に起因して給与等を受ける場合，その給与等の総額のうち，国内で行った勤務の提供に係る部分の金額は，次の算式により計算した金額としています（下記の算式で計算された金額が日本国内源泉所得となる）。

$$\text{給与・賞与等の総額} \times \frac{\text{国内において行った勤務又は人的役務の提供の期間}}{\text{給与又は報酬の総額の計算の基礎となった期間}}$$

また，所得税基本通達 212－5 では給与等の計算期間の中途において居住者から非居住者となった場合，非居住者になった日以後に支給期が到来する給与等のうち，その計算期間が 1 カ月以下であり，その給与等の全額が国内において行った勤務に対応するものでないときは，その総額を国内源泉所得に該当しないものとして取り扱うことができるとしています。

3　日本・インドネシア租税条約（給与規定）の確認

日本・インドネシア租税条約第 15 条（給与所得）は，一方の締約国の居住者が他方の締約国内に行う勤務について取得する給与について短期滞在者免税の規定を設けているので，日本の居住者である社員 A のインドネシア滞在日数の合計が 183 日以内で，インドネシアの現地法人あるいは恒久的施設が実質的に社員 A の給与を負担していないときは，短期滞在者免税が適用され，インドネシアにおいて課税は生じません。インドネシアの居住者となった日以後に支給を受ける給与から納税義務を負います。

Q7 海外出張期間が一定の期間を超えたことにより現地所得税を申告納付した場合の留意点

CHAPTER 1

当社の日本人社員Aは，当社のタイ現地子会社へ出向している社員の急病のため，出向社員が職務に復帰するまでの期間（5カ月間を予定）の代役としてタイへ出国しました。しかし，出向社員の職務の復帰が遅れ，結果的にタイでの滞在期間が200日になってしまいました。社員Aに関わる税務上の留意点を教えてください。

結論

日本・タイ租税条約における短期滞在者免税の滞在期間の要件を満たさないため，タイ滞在期間中の給与はタイで個人所得税を申告・納付する必要があります。タイで支払った個人所得税は日本で確定申告すれば外国税額控除の適用を受けることができます。

ポイント

▶ 日本・タイ租税条約の短期滞在者免税の要件の一つである滞在期間が180日を超えるため，タイ滞在日数200日に対応する給与所得についてタイで所得税を申告・納付する必要があります。

▶ 日本人社員Aがタイで支払った所得税は，日本で外国税額控除の適用を受けることができます。

▶ 社員Aのタイ滞在期間中の給与を当社のみの負担としている場合，その負担は当社からタイ子会社に対する子会社支援又は対価を収受しない役務提供とみなされ，海外寄附金又は移転価格税制の認定を受ける可能性があります。

解 説

1 日本・タイ租税条約第14条（人的役務の報酬）の短期滞在者免税

短期滞在者免税は，一方の締約国の居住者（今回のケースでは社員A）が他方の締約国内（今回のケースではタイ）において提供する人的役務の提供について取得する報酬又は所得は，次の要件の全てを満たすことを条件として，当該他方の締約国において租税を免除すると定めています。

① 暦年で合計180日を超えない期間の滞在であること

② 報酬又は所得が当該他方の締約国の居住者又はこれに代わる者から支払われるものであること

③ 報酬又は所得が当該他方の締約国において租税を課される企業によって負担されるものでないこと

今回のケースでは，①の滞在日数の要件を満たさないため，日本人社員Aはタイで所得税を申告・納付する必要が生じます。

2 外国税額控除の適用

日本人社員Aが支払ったタイの所得税は，社員Aが確定申告で外国税額控除の適用を受けることにより納付すべき所得税額から一定の金額を限度として控除することができます（所法95）。

3 海外子会社への支援に伴う税務リスク

タイ子会社の出向社員の急病に際し，当社から出張させた社員Aのタイ滞在中の給与について，当社が何の見返りもなく負担することは経済合理性がなく，タイ子会社に対する支援に該当すると考えられます。この場合，当社の負担した給与相当額について，法人税の課税所得計算上の損金性が認められない，すなわち海外寄附金の認定を受ける可能性があります（措法66の4③）。一方，給与の負担割合について当社が何の見返りもないわけではなく，経済合理性がある，と主張する場合，当社からタイ子会社への対価を収受しない役務提供取引に該当するとして，移転価格税制の適用を受ける可能性があります（措法66の4①）。

Column03　外国税額控除の必要資料と海外での適用

日本での外国税額控除

海外に駐在員や出張者を出していると，日本と外国で同じ所得に対して二重に課税が生じる場合があります。この場合，税法上の条件を満たせば二重課税が生じた部分について，二重課税を排除するため，一定の金額までは税額から差し引くことのできる外国税額控除の適用を受けることができます。実務的に多くあるケースは，日本本社所属の出張者が海外でも課税された場合に，日本で外国税額控除を受けるパターンです。また，日本企業が海外で日本の法人税に相当する外国の租税を課された場合も，外国税額控除の適用があります。

外国税額控除は居住国で控除を受ける（法人の場合損金算入の方が有利な場合も）

外国税額控除は二重課税に対する救済措置で，日本のみならず制度上は多くの国で設けられている制度です。なお，この適用を受けるのは居住国（本来の納税国）で受けることとなります。つまり，日本で普段納税している納税者が，たまたま外国でも一部課税がされた場合に救済措置として日本で二重課税部分について救済を受けることができるというものです。なお，法人の外国税額控除の場合は日本親会社の利益状況によっては外国税額控除の適用を受けるより，当該税金の損金算入を選択した方が有利なケースもあります。

時期とエビデンス取得に注意

なお，日本の外国税額控除は外国で税額を納税した年に外国税額控除の適用を受けることとなっています。つまり，外国が歴年課税の場合で，2022年分の所得税を2023年に納税する場合には，日本で外国税額控除の適用を受けるのは所得が対応する2022年ではなく，2023年になることに留意する必要があります。この場合，2022 年の確定申告では外国税額控除の控除余裕額の繰越しを行う必要があります。また，外国で納税した際の納税証明等の資料も必要です（所法 95，所規 41,42）。

外国で日本の所得税課税部分について外国税額控除を受けることができるか

逆に，外国の居住者の場合（外国人や，外国に居住する日本人駐在員等）が，日本滞在時に日本で一部課税された場合，外国税額控除の適用を受けることができるのでしょうか？　実は理論的にはできるはずであり，制度上も設けられていますが，新興国などでは実務的に難しい場合もあります。また，当然ながら適用を受けるためには，日本で納税したエビデンスが必要となりますので，証憑の手配や翻訳なども注意する必要があります。（中国個人所得税法第 7 条，中国個人所得税実施条例第 32 条，33 条，34 条，日中租税条約第 23 条）

Q8 出張者の法人税法上の留意点

CHAPTER 1

海外子会社へよく出張者を派遣していますが，海外出張者は日本親会社への税務調査が入った際問題になるケースが多いと聞きました。海外への出張者の法人税法上の留意点はどういったところでしょうか？

結 論

出張者の業務によって便益を享受するのが，海外子会社か親会社かにより税務上の取扱いが異なります。便益を享受するのが海外子会社である場合，海外子会社から対価回収をすべきという論点が生じます。逆に親会社業務のための出張であれば，親会社が出張経費を負担しても本来は問題ありません。出張が海外子会社のための業務である場合，税務上は子会社が相当の対価を支払う必要があり，支払がない場合，日本の税務調査で移転価格や海外寄附金の指摘を受ける可能性があります。

ポイント

▶ 出張者の業務内容，目的，その業務により便益を享受する企業はどの企業かを確認します。

▶ 必要な場合は，日本親会社への対価回収を検討し，課税関係，日本親会社処理を確認します。

▶ 現地での難易度，課税関係から，日本側，現地側のメリット・デメリットを検証し，グループとして総合的な判断を行います。

解 説

1　日本側：法人税法上の論点（対価回収）

応益負担が原則ですので，便益を享受するのが海外子会社であれば海外子会社が対価を負担すべきというのが日本の課税庁の立場です。

2　日本側：出張の目的（子会社か親会社か）

上記判断のために出張の目的を判断する必要があります。子会社の支援であれば，子会社が費用を負担すべきというのが日本の課税庁の主張です。一方，親会社の管理や，取引のうえで，通常日本企業が行うべき出張（株主活動等）費用については日本親会社で負担することも妥当性があるとされています（移転価格事務運営指針 3-10（3））。

3　現地側：出張の目的及び経費負担の妥当性

日本側では「海外子会社が負担するのが妥当」という判断に至ったとしても，現地側で妥当性があるとは限りません。現地側でも，当該費用の負担や送金について税務上問題がないかについて検討をしてみます。現地側の税務送金事情もグループ全体で検討するための必要情報となります。

4　現地側：送金時の課税関係（源泉徴収，日本側処理のための情報提供）

また，妥当性があるとなった場合も，海外側からすると国内源泉所得の非居住者（日本親会社）への支払ですので，源泉徴収義務が生じます。その場合の税金も確認し，法人税は要件を満たせば外国税額控除の対象，他の税金は費用ですので日本側の会計，税務処理のために必要な情報や資料を提供する必要があります。

5　総合的判断

上記，条件を確認の後，グループとしてどういう選択が最適か検討します。というのは，日本親会社側の最適値が現地の最適値とは必ずしもならないためです。各拠点のメリット・デメリットを踏まえたうえでグループとして最適な経営判断を下すのが理想です。

6　送金が難しい場合の日本側救済措置（法基通 2-1-31）

なお，日本の法人税法上も送金が相手国の事情で難しい場合には，事情を斟酌する規定が設けられています。法人税基本通達 2-1-31 に，「送金が許可されない利子，配当等の帰属の時期の特例」の項があり，「国外の者から支払を受ける利子，配当，使用料等で現地の外貨事情により長期においてその支払を受けられない場合には，その送金が許可されることとなる日までその収益計上を見合わせることができる」とあります。ただし，当該規定は送金自体が行えない場合を想定したものですので，当該規定の適用が受けられるかも含めて，まずは現地事情の事前確認が重要です。

Q9 海外出張者に対する税務調査での指摘事項と中国側での課税関係

CHAPTER 1

中国子会社へよく日本親会社から出張者を派遣していますが，出張者について日本の税務調査で，中国子会社から支援の対価を行うよう指摘を受けました。日本の税務署の指導どおり，中国子会社から対価回収を行った際，中国側ではどういった税金が生じるか教えてください。

結 論

1　海外関係の指摘事項

最近の日本の税務調査の動向を見ていますと，海外子会社がある場合，必ずといっていいほども論点になるのが，法人税法上の出張者の対価回収です。これは，日本親会社所属社員を海外出張させた場合，海外子会社のための出張であるならば，子会社が費用を負担すべきであるという日本の税務署の主張であり，便益を享受するものが費用を負担すべきという国際税務でよくみられる論点です。

2　対価回収の必要性の判断

この場合は，出張者の業務により利益を享受するのが，海外子会社か親会社かにより，対価回収の必要性を判断していきます。親会社業務のための出張であれば，親会社が出張経費を負担しても問題ありませんが，純粋に子会社のための業務である場合，子会社が相当の対価を支払う必要があります。

逆に，親会社が株主としての活動のため管理部門の社員が出張しているような場合は，日本親会社で費用負担を行うことに妥当性があるケースもあります。

ポイント

▶　海外子会社を持っていると必ずといっていいほど，税務調査で関連取引が論点となります。

主な指摘事項としては，

①　日本親会社が負担した駐在員の給与の否認

②　海外出張者の対価回収

③　日本親会社が支出した子会社関係費用の否認

が多くみられるようです。

▶　子会社が便益を享受する目的での出張の場合，本来は子会社から日本親会社に相応の対価回収を行う必要があります。

▶　親会社が利益を享受する場合（株主活動等）などは，親会社が費用を負担し，海外子会社が対価回収をしなくても問題ない場合もあります。

▶　役務提供が海外で行われた日本親会社へのサービスフィーの送金は，出張国での国内源泉所得であるため，基本的に海外で消費税，法人税に相当する税金（中国では増値税，企業所得税）の源泉徴収課税があります。

解 説

1　法人税法（寄附金）

海外子会社がある場合，海外子会社が負担すべき経費を日本親会社が負担している場合，子会社に対する寄附金とみなされる場合があります（移転価格事務運営指針 3-20）。子会社に対する寄附金は法人税法上損金の額に算入されませんので（措法 66 の 4 ③），子会社から対価の回収を行う必要があるというわけです。

2　中国子会社が日本親会社へ対価を支払った場合の中国側での税金（役務提供が中国で行われる場合）

対価の回収を行う場合，中国子会社側ではどのような処理になるのでしょうか？

当該対価は日本親会社側では収益ですが，中国子会社側では費用となり，かつ国外への中国国内源泉所得に係る対価の支払ですので，以下のような課税関係となります。

(1) 課税される税金の種類

日本の税務と似ており消費税に相当する増値税と法人税に相当する企業所得税が課税されます。

(2) 源泉徴収と本来の納税義務者

この場合の納税は，源泉徴収義務者として支払者は中国子会社が納税をしますが，それはあくまで立替の源泉徴収納税であり，本来の納税義務者は日本親会社であることに留意する必要があります。また，日本側へは対価の総額から源泉徴収額を控除した残額が着金することとなります。この関係は，日本の給与の総額と源泉徴収所得税額，差引手取額をイメージするとわかりやすいかと思います。

3　対価回収をしなくてもよい場合

日本親会社所属の社員が海外子会社のために出張をした場合，対価回収の必要性が生じることとなります。しかし，全ての出張について対価回収を行わなければならないわけではありません（Q8参照）。親会社としての子会社管理など親会社で負担することに合理性のあるものについては，損金算入が妥当となるものもあります（移転価格事務運営要領（事務運営指針）別冊）。税務調査では当局からこの点を積極的に斟酌してくれることはないようですので，日本親会社での出張費負担が妥当と思われるものについては，会社側が出張報告書等で合理的な根拠を示して主張していくのもよいでしょう。

4　現地での課税事情（送金すると帳簿に記載され表面化する）

現地側では，理論的には規定に該当する行為が全てPE認定を受ける可能性があるはずです。また，規定上，PEに該当する場合は，法人自ら税務局に登記をして申告をしなければならないこととされています。しかし，実務上は，対価を現地法人から送金する場合の税金の源泉徴収の際に，税務局が情報を把握する場合が多くなっています。また，源泉徴収していなくても，税務調査で現地法人の帳簿を調査することにより送金の事実を把握することができます。ゆえに，現地から送金を行い，現地の帳簿に送金の事実が記載される場合は，税務局も日本親会社への送金の事実を把握すると考えておいた方がよいでしょう。

▌対価回収イメージ図

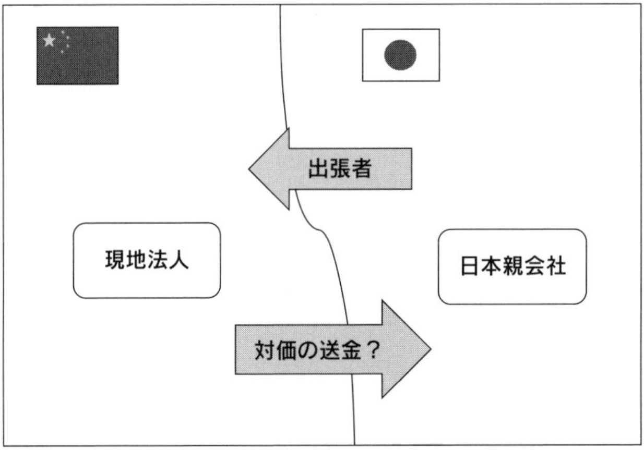

①日本の法人税法上，海外子会社が負担すべき費用か確認
②海外子会社が負担すべき費用の場合，現地での課税関係を確認
（源泉企業所得税，増値税等のほか，PEによる個人所得税課税の可能性）

Q10　中国個人所得税法の改正

CHAPTER 1

中国の個人所得税は 2019 年に大きな改正があったと聞きましたが，どのようなものでしょうか？

日本企業には，実務的にどのような影響があるでしょうか？

結論

中国では，2019年1月1日から新個人所得税法が施行され，従来と計算方法，控除の種類等が大きく変わっています。具体的には，特別付加控除制度等の導入，年次計算や累積予納法による計算です。日本の所得税制度にも似た年次の計算方式や各種控除制度の導入により，従来は非常にシンプルであった計算方式が，日本の所得税のような計算方式に近づいています。

日系企業にとっては，現地法人のローカルスタッフの計算方法が大きく変わったという点と，日本人駐在員，出張者にとっても居住者の定義や，計算方法が変更になったという点が実務的な影響点となりました。

また，外国人に対する社宅等の優遇措置は暫定的に 2023 年まで延長されていましたが，2023 年 8 月に 2027 年までの延長が発表されました（財政部税務総局公告 2023 年 30 号）。

ポイント

▶　全体的には大きな改正であり，計算方式が大きく変りました。

▶　従来の月次計算から年次計算に変更になりました。

▶　特別付加控除制度等が導入されました。また，中国人，外国人の控除額が統一され，外国人独自の免除項目は廃止される方向とされ，2021 年 12 月

31日まで，暫定的に外国人への免税取扱いが認められていました。しかし，当該措置は2027年12月末日まで延長されることが，2023年8月に発表されました。なお，当該免税措置は特別付加控除制度との選択適用です。

▶ 居住者の定義が具体的になりました。

▶ 全世界所得課税となる永住者の基準が6年以上となりました。

解 説

新個人所得税法の改正は，計算方法等が大きく変わった大改正です。内容的には，従来は非常にシンプルであった計算方式，控除等が，日本の所得税のように複雑になったというイメージです。具体的には，上記ポイントのとおり計算方法，控除項目，居住者の定義が変更になっています。項目別には，以下のとおりです。

1 計算方式（月次計算から年次へ）

従来の中国の個人所得税は毎月の月次申告で，税額計算が完結していました。しかし，新個人所得税法では年次計算の概念が導入され，年次で最終的な税額が確定することとなりました。なお，居住者については，累積予納法という方法が採用されており，毎月その時点での正しい税額に引き直すような計算方法であり，日本的な感覚でいうと毎月年末調整をしているようなイメージのユニークな計算方法となっています。

2 控除項目

控除項目も従来は，基礎控除が中国人月3,500元，外国人4,800元となっていたのが，一律月5,000元の基礎控除となりました。また，改正前の控除は，基礎控除と社会保険料控除等のみでしたが，特別付加控除として6項目が新に導入されました。特別付加控除の内容は，①子女教育費，②継続教育費，③重大疾病医療費，④住宅ローンの利子費用，⑤住宅家賃，⑥高齢者扶養です。

3　居住者の定義と計算方式（Q11 で詳細）

また，居住者の定義も具体的になり，中国で暦年に 183 日以上滞在する者は居住者となることとなりました。この点については，Q11 で詳細を解説します。

4　永住者の基準が 6 年以上に

外国人居住者については，従来 5 年以上滞在者が永住者として全世界所得課税（5 年未満は一定の条件のもとに国外払い国外源泉所得は不課税）でしたが，その期間が 6 年以上に変更になりました。また，当該 6 年のカウントが 2019 年から一律に開始されることとなりました。

▌新旧改正項目比較

項目	改正前	改正後
①控除	社会保険料控除，基礎控除等	6 項目の特別付加控除新設
②計算期間	月次計算	年次計算（非居住者は月次計算）
③中国国内に住所を有しない居住者の定義	満 1 年間中国に居住	満 183 日中国に居住

5　日系企業への影響

日系企業にとっての影響は，まず，計算方法が非常に複雑になったため，現地法人の経理担当者が当該方法を理解しているか，また，業務量が増加した点を理解する必要があります。

また，日本人出張者，駐在員にとっても，居住者の定義，計算方法が大きく変化することとなった点，外国人の経済的利益供与の優遇が特別付加控除との選択制となっている点等を理解する必要があります。

Q11 改正中国個人所得税での居住者の定義

CHAPTER 1

改正中国個人所得税では，居住者の定義がより具体的に定められたと聞きました。どのように定められたのでしょうか？　居住者と非居住者で算式が違うと聞きましたが，どう違うのでしょうか？　また，実務的にはどのような影響があるのかについても教えてください。

結 論

居住者の定義は，中国国内に住所を有しない者については，従来は「中国で満1年居住」であったのが，改正個人所得税法では，外国人は1年間の滞在日数が183日以上である場合が，居住者となることとなりました。これにより，従来は非居住者となっていた出張者の一部が居住者に分類されることになりました。また逆に，従来は居住者として申告をしていた駐在員が，中国滞在期間が183日に満たない場合は，非居住者となることとなりました。

なお，居住者と非居住者で計算式が異なることとなっています。居住者の計算算式は，新個人所得税法による原則的な計算方式で，新設された特別付加控除が認められています。一方，非居住者の計算算式は，シンプルに基礎控除のみであり，特別付加控除はありません。ゆえに，同じ駐在員でも年の滞在日数により，居住者に該当する年と，非居住者に該当する年が発生する可能性があります。また，日本の所得税法上居住者である出張者も，183日を超過すれば中国の居住者となるため，日本と中国で「二重居住者」となる場合もあります。

実務的には，出張者，駐在員ともそれぞれの年で居住者か，非居住者に該当するかを判断し，それに基づく個人所得税の申告と納税を行っていく必要があります。中国滞在日数が183日未満の場合は，要件を満たせば従来どおり日中租税条約に基づく短期滞在者免税の適用があります。

ポイント

▶ 居住者の定義が，1 年間の中国滞在日数 183 日以上の場合，居住者となることとなりました。

▶ 居住者と非居住者では算式が異なることとなりました。

▶ 居住者の定義が年間の滞在日数での判定となるため，中国駐在員でも，年により，居住者，非居住者が異なる可能性があります。

▶ 日本の居住者である出張者も，中国滞在期間が 183 日を超過すると中国でも居住者となることとなります。

解 説

居住者の定義が，新個人所得税法では，中国国内に住所を有しない者（外国人）については，「中国国内で満 183 日居住」と定められました。これにより，出張者，駐在員に係わらず 183 日以上となると中国居住者となることになります。

183 日以上出張者の中国個人所得税改正前後比較

項目	改正前	改正後
中国滞在期間が 183 日以上となった出張者	非居住者	居住者

また，居住者，非居住者で個人所得税の計算方式が異なり，駐在員などは赴任年と，2 年目以降では居住者，非居住者の区分が異なるため，計算式が異なる場合があることになります。

駐在員の183日以上，未満の場合の個人所得税の相違

駐在員の1年の中国滞在日数	中国滞在期間183日未満（赴任年，帰任年など）	中国滞在期間183日以上（駐在2年目以降等）
居住者，非居住者区分	非居住者	居住者
計算方式	非居住者として計算，月次源泉徴収	年次計算（累積予納）

また，出張者については，183日を超過した場合，中国でも居住者として個人所得税を計算します。この場合，日中で二重居住者となり，二重課税が生じることになります。この際，外国税額控除の適用の可能性がありますが，日本の所得税法上居住者である場合は，日本で外国税額控除を受ける方が，日本人にとっては実務上処理がスムーズと思われます。

また，日中租税条約の短期滞在者免税については，当然ながら引き続き適用がありますので，従来どおり，課税関係を複雑にしないよう出張者はなるべく短期滞在者免税の範囲内で中国滞在日数をコントロールするような方針が望ましいと考えます。

中国滞在期間　183日以上の出張者の日中での課税関係

項目	日本の所得税法上	中国の個人所得税法上
日本企業の日本在住の出張者の中国滞在期間が183日以上の場合	日本居住者	中国居住者
外国税額控除	日本で受けるパターンが多い	理論的には可能

Q12 PE認定によるみなし所得課税と短期滞在者免税の不適用

CHAPTER 1

中国子会社へ日本親会社から技術者を何人か派遣して，技術指導を行いました。その指導の対価を技術指導費として，中国子会社から日本親会社へ支払ってもらいましたが，その際に税金が源泉徴収されています。その税金はどういったものでしょうか？　また，日本で外国税額控除は可能なのでしょうか？

結 論

上記の中国から日本への役務提供対価（サービスフィー）は，日本で課税を受けますが，中国側でも中国国内源泉所得として源泉徴収が必要となります。源泉徴収される税金は，通常は企業所得税（日本の法人税に相当）と，増値税（日本の消費税に相当）等です。これは，納税義務者としては対価を得る日本企業が支払うべき税金ですが，中国に拠点がない企業の場合，対価の支払側である中国子会社が源泉徴収義務を負うことになります。支払対価から当該税金額を控除した残額が日本親会社に着金することとなり，支払った増値税は租税公課として損金となり，企業所得税は要件を満たせば外国税額控除の適用を受けることができます。また，当該取引がPEに該当する場合等には，取引に関連して中国に派遣した社員の個人所得税納税が必要となる場合もあります。

ポイント

▶ 課税されるものは，増値税と企業所得税になります。

▶ 本来の納税義務者は日本親会社ですが，中国に拠点がない場合，支払者である中国子会社が源泉徴収義務者となります。

▶ 中国への技術者派遣業務がPEに該当した場合等は，個人所得税納税の必要がある場合もあります。

解説

1 中国国内における役務提供は中国国内源泉所得に該当

親会社から人を派遣して，海外子会社へ技術指導を行い，その指導の対価を中国子会社から回収した場合，当該所得は中国国内源泉所得に該当して，日本親会社の収入に計上されることとなります。この所得は日本親会社の収入に計上されて，日本で課税されることとなりますが，中国側でも中国国内源泉所得の国外への支払として，中国側でも一定額を源泉徴収することとなります。

2 源泉徴収二重課税部分の処理

なお，当該源泉徴収は日本でも課税され，企業所得税課税部分（日本の法人税部分）は中国側と日本側で二重課税になりますので，当該部分については要件を充足していれば日本側で外国税額控除の適用が可能です（日本親会社の利益状況によっては外国税額控除の適用を受けるより，損金算入した方が有利なケースもあります)。また，他の税金は日本側では租税公課として費用となります。

仕訳例

税抜き報酬100元，源泉企業所得税10元（100元×10％)，増値税6元（100元×6％)
※附加税は省略

①中国現地法人仕訳

報酬	100	預金	90
未払増値税 (仕入増値税控除可能)	6	預り金 (源泉企業所得税)	10
		預り金 (源泉増値税)	6

②日本親会社仕訳

預　　金	90	売　　上	106
法人税等若しくは租税公課 （外国税額控除対象）	10		
租　税　公　課	6		

（1）取引への課税（増値税と企業所得税）

日本親会社から中国子会社へ技術指導を行い，その対価を中国子会社が日本親会社へ送金するような場合，中国子会社から日本親会社への費用の支払に該当します。

その場合の課税関係は，以下のとおりとなります。

税目	中国子会社	日本親会社
企業所得税，法人税	中国国内源泉所得につき，源泉徴収（PE でないと認定を取れた場合，不課税）	日本国外源泉所得だが，内国法人の国外源泉所得として課税 二重課税部分は要件を満たせば外国税額控除可能
増値税，消費税	役務提供地が国内であるため課税	消費税は役務提供地が国外であるため不課税 増値税は租税公課
個人所得税，所得税	一定の要件に該当した場合課税	二重課税部分は要件を満たせば，外国税額控除可能

上記のとおり，①収益計上されるのは日本親会社ですが，②中国国内源泉所得であるため，中国側でも源泉徴収され，二重課税部分は要件を満たせば一定額まで日本で外国税額控除可能というのがポイントです。また，源泉徴収された残額が日本側に着金することとなります。流通税については増値税が中国側で課税されることとなります。日本の消費税は国外取引に該当するため不課税です。

なお，中国側での企業所得税の源泉徴収については，大きく分けて次の二つの方法のどちらかにより，源泉徴収がなされます。

① 使用料所得の場合：10％

源泉徴収が必要となる国内源泉所得については，中国でも日本でもまず，所得をどの種類の所得か分類します。その際，使用料所得に該当すれば，中国では10％の源泉徴収がなされることとなります（中国企業所得税法91，日中租税条約12）。なお，使用料ですので具体的にはロイヤリティなどの対価が該当し，技術支援費は，下記の②の事業所得に該当することとなります。

② 事業所得の場合：課税なし又はみなし利益率×企業所得税25％

a PEがあるとして課税される場合

国内事業所得の場合，「PEなければ課税なし」が中国でも原則となります。PEがある場合，売上に税務局が決定したみなし利益率を乗じて，通常の企業所得税税率25％を乗じて計算した金額が源泉徴収されることとなります（国税発2010年第19号）。

具体的には技術支援費などが該当し，実務的にも多いパターンとなります。

㋑ PEがある場合の個人所得税との関係

上記の場合，PEに該当するため，当該業務に関連して中国に来ている日本親会社社員は短期滞在者免税の適用はありません。ゆえに，個人所得税も本来は納税義務があることとなります。ただし，実務的には企業所得税を管轄する国税局と個人所得税を管轄する地税局の，管轄の創意などもあり，上記形式で企業所得税の源泉徴収が行われても，個人所得税の源泉徴収は直ちには行われない場合もあります。

㋺ プロジェクト登記との関係（みなし利益率での徴収がされていることをもって個人所得税の納税義務がある）

なお，中国での外国企業のプロジェクトについては，本来自ら登記を行い，現地法人のような形で申告することとされています（国家税務総局令2009年第19号）。ここで，「単に技術支援費の送金をして，みなし利益率で徴収されただけなので，PEではなく個人所得税の納税は必要ないのでは？」という疑問を抱かれる方もいます。しかし，規定上は，みなし利益率の徴収が行われたことで短期滞在者免税の適用はない（国税発1994年148号）となっていますので，理論的には上記徴収方式の場合は，該当プロジェクト関係者については短期滞在者免税の適用はなく，個人所得税の納税義務があることとなります。

b　PEがないため課税されない場合

PEがない場合，上記のうち，企業所得税は理論的には課税されないこととなります。しかし，実務的には「企業所得税を納税しなくてよい」と税務局が言ってくれることはなかなかなく，aのみなし利益率による徴収をされる場合が多いのが実情です。

(2) 日本側の処理（収益計上と外国税額控除，消費税は不課税）

（企業所得税が課税された場合）

中国側で総額の一部が企業所得税，増値税が源泉徴収され，差額が日本へ着金します。会計仕訳は以下のとおりとなります。

▌仕訳例

税抜き報酬100元，源泉企業所得税10元（100元×10％），増値税6元（100元×6％）
※附加税は省略

②日本親会社仕訳

預　金	90	売　上	106
法人税等若しくは租税公課（外国税額控除対）	10		
租税公課	6		

また，企業所得税については外国税額控除が可能です。事前に，外国税額控除が可能なものかなど，現地での課税関係の確認や資料等の送付について現地に指示を出しておきましょう。

(3) PEとみなし利益率による企業所得税課税（短期滞在者免税の不適用）

企業所得税が現地でみなし利益率により課税されている場合，(1) ②のとおり中国では理論的には個人所得税の納税義務があります。根拠の規定は「(中略)，企業所得税を推定課税の方式で算出している場合，会計帳簿における記載事実の帳簿の有無に関わらず全て国内機構が負担した給与として扱うものとする」(国税発 1994 年 148 号）になります。

これは，「みなし利益率での企業所得税徴収がなされた場合，個人所得税の納税義務がある」ということを規定しています。ただし，やっかいなのはこれが中国側では企業所得税はみなし利益率で徴収しても，個人所得税は必ずしも徴収されていないという場合が多くあることです。これは，上海市以外の地域では，企業所得税と個人所得税の管轄が異なる（企業所得税は国税局管轄，個人所得税は地税局管轄）ことなども要因となっています。

しかし，理論的には個人所得税の納税義務があり，調査で追納を言われるケースもありますので，理論的な課税関係と本来の納税義務を認識しておく必要があります。

(4) 駐在員事務所が経費課税方式により企業所得税を納税している場合の外国税額控除

なお，上記以外に駐在員事務所が経費課税方式により企業所得税を納税している場合があります。この場合の企業所得税の日本での外国税額控除は，国外所得金額が 0 となるため適用ができないものと考えられます。

Column04 どちらが支払うべき？ 送金後に税務調査で納税が発生した場合

外貨送金審査の簡素化 送金自体は納税しなくてもできてしまう

海外子会社から日本親会社への本社社員支援費用などのサービスフィーの送金は，日本での税務調査での指摘の増加などの理由もあり，数多く実施されています。また，第三者の企業に対して日本企業から第三者の海外法人へサービス（指導やコンサルティング等）を提供する場合もあり，そういった場

図1　送金イメージ図

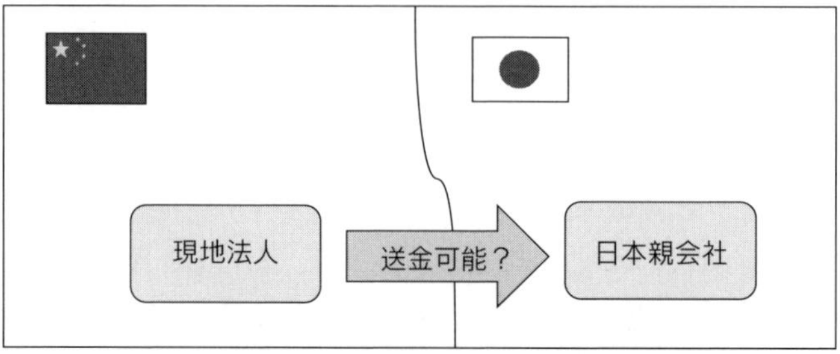

合も当然ながら対価を海外法人から日本へ支払うこととなります。

中国や新興国では以前は送金の都度，源泉徴収税金の納付がされているかどうかのチェック（納税証明などの確認など）がありましたが，実質的に「納税していないと送金できない」という状態になっていました。しかし，現在は手続が簡素化されている場合もあり，中国ではサービスフィーの場合「1回の送金額が５万ドル以下なら納税証明なしでも送金できる」という状態になっています。ただし，これもその時々の外部環境等に伴う政府の指導により運用面は変化し，時期や地域によっては外貨送金の審査が厳格化する場合もあります。この辺りはトレンドと地域の実務の把握が重要になります。

税務調査での追徴課税発生

上記の外貨管理手続の簡素化，緩和は一見望ましいことに思えますが，実は新たな問題も引き起こしています。それは，「審査されず，納税しなくても送金できるため，納税しなくてもよいと勘違いする」ケースがあるためです。従来は納税証明がないと銀行で受け付けてくれませんでしたが，現在は５万ドル以下だと送金できてしまうため，納税せずに送金してしまう場合があります。

この場合に何が問題になるのかというと，送金はできても送金後に支払側の海外現地法人に税務調査が入った場合，税務当局から納税もれを指摘されるというものです。税法上は調査で指摘されれば，本来払うべきものですので延滞税などとともに納税せざるを得ません。さらにやっかいなのは，この納税する税金は本来日本企業が支払うべき税金を現地法人が立て替えて納税をしているものであるため，本来は日本親会社が支払う必要があるという点です。

どちらが負担すべきか？（グループ内とグループ外の場合）

また，これも中国法人が子会社であれば，納税することになればグループとして「まあ仕方がないか」という形にはなるのですが，中国法人と日本法人が，グループ企業ではない完全な別会社の場合，どちらが負担すべきかでもめる場合もあります。ゆえに，当面現地での納税は直ちに要求されないにせよ（現地当局が個人所得税の納税まで要求しないケースもあります），理論的な納税義務を確認し，現地の指導と異なっても納税するか，事後で納税を要求される可能性もある点も認識して検討するのが望ましいでしょう。

イメージ図

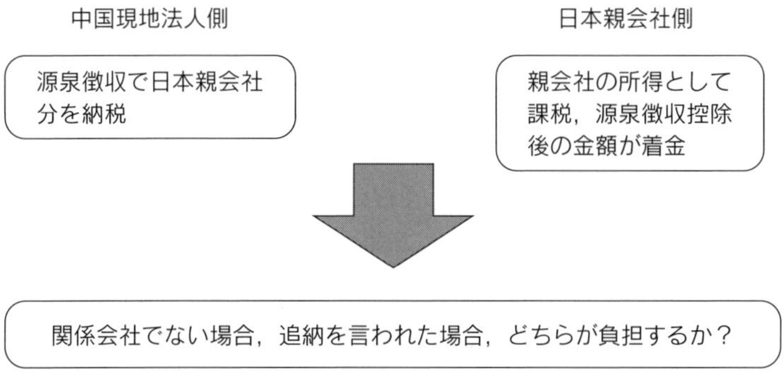

Q13 日本本社採用中国人社員の中国出張の場合の留意点

CHAPTER 1

日本本社で中国人社員を採用していますが，彼に日本親会社所属のまま，中国で出張により業務をしてもらおうと思っています。彼の課税関係も他の日本人社員同様，183 日ルールなどの適用があるという理解でよろしいでしょうか？

また，本社所属中国人社員が中国で業務を行う場合，ビザは必要なのでしょうか？

結 論

1　中国の非居住者ではない

租税条約の短期滞在者免税は，「他方の国の居住者」であることが前提となっています。中国の税法上，通常，中国人は常に居住者に該当します（中国個人所得税法 1，中国個人所得税実施条例 2，3，国税発 1994 年 89 号）。そのため，中国の個人所得税法上は日本の居住者にはならず，短期滞在者免税の適用はないこととなります。ゆえに，183 日のコントロールは中国人社員の場合は意味がありません。

2　ビザ・社会保険

中国国籍者については，外国人ではありませんので当然ながらビザの取得の必要はありません。

一方で中国の社会保険には必ず加入しなければならないこととなります。

ポイント

▶ 短期滞在者免税は他方の国の居住者であることが前提です。

▶ 中国の場合，中国国籍者はどこに居住していようと税法上は原則として中国居住者となります。

解 説

1 短期滞在者免税規定（日中）

「一方の国の居住者が」とあるため，そもそも中国の居住者である中国国籍者は適用がありません。理論的には中国で納税義務が常にあります。

2 本社採用社員の税法上のステータス

(1) 日本

居住者の概念は，「住所又は1年以上居所を有する者」であるため，外国人でも居住者になりますし，日本人でも1年以上住所を有しない場合は非居住者になります。

(2) 中国

中国は，居住者の概念が日本とは異なります。外国人と中国人に分かれ，中国人の場合は，理論上はどこにいても理論的には居住者となることとなっています（中国個人所得税法1）。

(3) 二重居住者

ゆえに，税法上は二重居住者となり，短期滞在者免税の適用はありません。しかし，日本に住んでいる中国人が日本の所得を中国で納税することも通常は行いません。実務的には本社採用の中国人が中国に赴任するような場合，赴任時点から納税を開始するような処理が行われています。

3　社会保険加入問題

(1) 中国国籍者の場合は社会保険加入が義務

中国人社員の場合，中国の社会保険の加入問題があります。現在，中国では外国人も社会保険の納付義務がありますが（中国国内就業外国人の社会保険加入暫定弁法2011年10月15日施行），実務上の納付義務は都市ごとに異なっています。ところが中国国籍者の場合，そもそも社会保険の加入義務がありますので，現地のナショナルスタッフと同じように社会保険に加入しなければなりません。

(2) 日本の社会保険の二重加入の問題

本社採用の中国人社員の場合，日本の社会保険も継続加入したいという希望がある場合があり，その場合は二重加入にせざるを得ないこととなります。

なお，社会保険の納付基数は通常は中国現地法人からの支給給与を計算基数とします。

日本人駐在員と本社採用中国人の税法等の差異

区分	社内待遇	中国社会保険
日本人駐在員	本社からの出向（本社支給給与，社宅あり等）	支払義務あり（一部地域では実務上加入しない対応も認められている）
本社採用中国人社員	同上	中国国籍者として支払義務あり 日本の社会保険に加入継続の場合二重支払となる

社内的には同じ出向駐在員でも，中国税法上等は取扱いが異なる

Column05　外国人社員の本社社員と現地法人社員の関係

最近増えている本社採用外国人スタッフ

昨今，日本本社採用の外国人社員は非常に増えています。日本の大学を卒業し，流暢な日本語と日本のビジネス習慣を理解した，現地ネイティブ社員

というのは非常に有用な存在です。しかし，一方で，「日本企業の海外拠点」という形態から，前述の規定面以外にも意外な問題が発生することもあります。

言語・習慣はネイティブだが

本社採用外国人スタッフというのは，当然ながら外国語はネイティブです。ただし，そういった本社採用社員は，幼少期は現地で過ごしたものの大学以降は日本にずっといるという方も少なくありません。そうすると，言葉はネイティブなのですが，高等教育やビジネスでは日本の経験しかないわけであり，逆に現地の商慣習などに対して日本人同様に戸惑ってしまう場合もあります。

現地ナショナルスタッフとの格差と軋轢

また，もう一つの問題が現地のナショナルスタッフとの待遇格差に伴う軋轢です。日系企業としては，駐在員待遇である本社採用外国人社員と，現地採用のナショナルスタッフでは待遇に大きな差があるケースが多いですが，そこが軋轢を生んでしまう場合もあります。特に，上記のように，自分の国のビジネス習慣に適応できないような場合は，現地ナショナルスタッフからは，厳しい目で見られてしまう場合もあるようです。

現地ナショナルスタッフの本社採用への昇格（人材のミックス）

一方で，最近の日系企業にはポジティブな話もあります。現地ナショナルスタッフで優秀な方が，本社の研修や，昇格して経営会議に参加したり，はたまた別の外国の拠点に指導役，管理役として派遣されていくケースも増えています。それは日本人社員でも同様で，現地採用社員として入った方が，本社に転籍となるケースもあります。今後はこういった「各国人材のミックス」を柔軟にできる企業がグローバル展開に強い企業になっていくのかもしれません。

Q14　海外出張者規程の整備

CHAPTER 1

当社はこれまで海外出張者への手当・旅費交通費等の支給は，日本国内向けの出張規定に準じて運用してきましたが，この度，タイに製造子会社を設立することを決定し，これに併せて，当社の社員が現地法人設立準備のためにタイへ出張する回数が大きく増えることが見込まれるため，海外出張規定を整備することにしました。

海外出張規定の整備・運用に際して，税務上の留意点を教えてください。

結論

海外出張規定の整備に際して留意すべき点として取り上げられるものの一つに「税金に関する規定」が挙げられます。税金に関する規定は，一般的に国内出張規定に明記されることはありませんが，海外出張規定には含むべき規程といえます。

また，海外出張規定の運用に際して留意すべき点として，出張報告書の作成・提出の厳格な運用が挙げられます。これは，海外出張者が出張国で現地所得税を申告・納付する必要が生じた場合の税金の負担関係を明確にする目的と，当社とタイの現地子会社（現在のところ設立準備中）のいずれが，今後の出張費用を負担すべきかを明確にするためです。少なくとも出張の目的が設立間もないタイの子会社のサポートなどに該当する場合は海外寄附金又は移転価格税制の適用を受けることになります。

ポイント

▶　出張国での滞在日数により，現地で所得税を申告・納付する必要が生じた場合の税金の負担関係を明確にすることで，出張者に海外出張による不利益が生じないようにします。

▶　海外寄附金又は移転価格と不必要に認定される税務リスクを軽減させるために，出張費用の負担関係を出張報告書で明確にしておきます。

解 説

1　租税条約の短期滞在者免税規定の不適用

海外出張者の出張相手国での滞在日数が現地の国内法又は租税条約の短期滞在者免税規定の183日を超えることとなった場合，現地で所得税を申告・納付する必要があります。海外出張者が出張したことによって税金を支払う不利益が生じることを会社は避けるべきです。これをあらかじめ，出張規定で明確にしておくことで出張者も安心して海外出張することができます。

ただし，会社がこれらの税金を負担することだけを単純に規定に盛り込むと，経済的な利益の供与として出張者は給与課税を受ける可能性があります。

そこで海外出張規定（あるいは税金条項の別紙）に現地所得税の会社の負担は，会社の業務命令による海外出張によって生じた税金であるため，会社が現地所得税を立替え，海外出張者は所得税の確定申告により外国税額控除の適用を受けて，その適用による所得税の還付金を会社へ戻すこと（立替金の精算）を明確にしておくことでその金額については給与課税を受けることはないと考えます。ただし，外国税額控除で取り戻すことができなかった金額は会社が負担（給与課税）することになります。

Column06　タックスイコライゼーションは海外給与設計のグローバルスタンダード？

著者は仕事柄，いわゆる外資系企業（親会社が外国法人）の駐在員の給与に係る所得税の源泉徴収，外国親会社から付与された株式報酬プランの行使に係る調書の作成及び所得税確定申告などの業務にも携わることが多くあり，駐在員と外国親会社との間で取り交わされたアサイメントレターを目にする機会がよくあります。

そこには必ずといっていいほど「税金」に関わる取決めが盛り込まれ，ほとんどのケースでTax equalization（タックスイコライゼーション）が採用されています。

この制度は，駐在員は外国親会社（親会社の所在地）で雇用されていることを想定して，あるいは支払っていた所得税の額の支払に責任を持つ一方，会社がその“home country liability”を超える部分の所得税の額を負担する内容となります。

また，外資系企業に限らず，日本の企業にあっても海外出向規定のなかに「税金等の取扱い」を設けているのを多数目にします。これも現地の所得税，社会保険料などの支払については会社が実費を負担する一方，日本出国直前に支払っていた日本の所得税・住民税を基に，みなし税金を計算して給与の額から控除しようとするものです。

個別具体的な計算は，タックスイコライゼーションを採用する企業ごとに定めていくことになります（①みなし税金の範囲（所得税に加えて住民税も含めるか），②みなし税金の計算範囲（海外基本給に加えて手当も含めるか），③住宅ローン減税の適用を受けていた場合の取扱い，など）。

海外赴任しない国内勤務者との不公平感はもとより，海外赴任地ごと，海外駐在員同士の税金負担の不公平感の解消と海外赴任前の手取給与の最低保証といった観点から，タックスイコライゼーションは海外に駐在員を派遣する企業における海外給与設計のグローバルスタンダードといえるのではないでしょうか。

Column07　出張者の不慮の事故への対応と海外旅行傷害保険

日本人が海外出張中に体調を崩したり，事故にあったりした場合はどのようにカバーすべきでしょうか？

まず，大原則としては，日本の健康保険を海外で直ちに使用することはできません。海外の病院で支払った医療費のうち，日本の健康保険の対象となる金額について，後日支払を受けることは可能ですが，現地で発生する医療費はまず自分で支払う必要があります。また，外国では医療費の支払は様々であり，デポジット（保証金）の支払が先になければ入院できない病院なども数多くあります。ゆえに，通常は海外旅行傷害保険に加入することとなります。

海外旅行傷害保険と日系現地医療サービス会社

海外旅行傷害保険は，出張者や駐在員が加入する保険ですが，これに加入していれば現地の病院でキャッシュレスで診療を受けることができたりするものが多いようです。また，海外でも日本人の多い地域などには日系の医療サービス会社なども多く進出しており，医療通訳などのサービスを行っています。

海外での事故・病気（保険とリスク管理）

上記のとおり日本の保険が使えず，医療制度も異なる海外では必須ともいえる海外旅行傷害保険ですが，まれに加入されていない企業もあります。こういった会社はその他の海外勤務手当は充実したりしていますので，予算がないというより，優先順位を誤っているということになります。万が一，海外で事故，急病等が起きると重大な事態となりますので，必須項目として対処しておきたいものです。特に，海外の異なる環境や生活で思わぬ事故，病気に遭遇することも日本で想像している以上に多いようです。

Q15　台湾出張者への短期滞在者免税の適用

CHAPTER 1

弊社は台湾に出張者を派遣していますが，2022 年の滞在日数が 100 日程度でした。台湾にも租税協定はあり，短期滞在者免税の適用はあるのでしょうか？　またそれは，自動的に適用されるもので，短期滞在者免税の要件に該当する場合は，特に何もしなくてよいのでしょうか？

結 論

日本と台湾の間では租税条約に準じた日台租税協定が 2017 年から発効されており，そのなかに短期滞在者免税の条項もあるため，要件に該当すれば短期滞在者免税の適用があります。なお，要件に該当すれば何もしなくてよいのではなく，申請をして認められれば適用できるという取扱いになっており，さらに，納税がない場合も個人所得税の確定申告自体は必要となっています。また，183 日のカウントは暦年ではなく，連続した 12 カ月である点もご注意ください。

ポイント

▶　日台租税協定は 2017 年より発効しており，短期滞在者免税の規定もあります。

▶　短期滞在者免税の 183 日のカウントは，暦年ではなく，連続した 12 カ月間で行います。

▶　短期滞在者免税の適用は，税務当局へ届出書を提出し，承認された場合のみ適用となります。

▶ 短期滞在者免税の適用がある場合も，個人所得税の申告が必要です。

解 説

1 2017年に日台租税協定発効（短期滞在者免税の規定あり）

台湾の個人所得税に短期滞在者免税規定，いわゆる183日ルールは長らくありませんでしたが，租税条約・協定としては遅咲きの2017年に日台租税協定が発効していますので，現在では183日ルールはあり，租税協定の要件に該当し，手続を経れば短期滞在者免税の適用があることとなります。

なお，租税協定の発効が最近であるせいか，ネットなどでは「91日以上滞在で課税」という情報も結構でていますので，注意が必要です。また，短期滞在者免税の要件の183日超過のカウントは暦年ではなく，連続した12カ月間でカウントしますので（日台租税協定第15条2），こちらも注意が必要です（逆に国内法の90日のカウントは暦年で行います）。

2 中国本土を上回る手続の複雑さ

（1）まずは届出（必要資料も多い）

租税協定の発効が最近であるせいか，短期滞在者免税の適用を受けるための手続はかなり複雑となっています。まず，「資料と届出の提出が必要」となっており，日本側も日本の居住者証明，台湾の居留許可証など，かなりの資料が必要になり，届出書もかなりの内容を書かなければ適用を受けることができません。ただ，このあたりは「租税条約の適用を受けるための届出」を短期滞在者免税の適用でも出せという国，地域はありますので，ある程度は想定の範囲内です。

(2) 台湾では免税でも個人所得税申告が必要

次に台湾独特の非常に特殊な部分があります。(1) の届出だけでなく，免税になる場合でも個人所得税の年間確定申告をしなければなりません。

方法としては，①いったん個人所得税を申告，納税して（1）の免税が認められれば納税したものが還付してもらえるパターンか，②（1）と個人所得税申告を同時に行い，納税はしなくて済むという２つの方法があります。

免税の適用があっても計算をしなければならないので，基本的には現地の会計事務所と共同で実施していく形になるかと思います。ゆえに，日本や中国本土の短期滞在者免税の適用に比べ，かなり手続は複雑といえます。

イメージ図

短期滞在者免税に必要な手続	備考
税務局への届出書の提出，承認	記載事項，添付資料ともに多い
個人所得税申告	適用がある場合も個人所得税の申告は必要

3　承認を受けられれば免税（該当しない場合は納税）—日数按分での納税も—

上記手続で台湾の税務当局の承認を受けられれば無事短期滞在者免税が適用されます。また，適用がない場合は要件に応じて日数按分での納税などになる場合もあります。

なお，納税が生じた場合は，要件に該当すれば日本で外国税額控除の適用が可能ですが，台湾の個人所得税確定申告期限が５月 31 日であるため，日本では①発生年度の控除余裕額の繰越と，②納税年度の外国税額控除の適用という２段階での申告になる場合が多いと思われます。

第2章

海外出向者の税務上の取扱い

海外出向前

Q16 海外出向規程の整備と運用

CHAPTER 2

当社は新たにインドネシアに現地法人を設立することを決定し，これに併せて海外出向規定を整備することにしました。海外出向規定の整備・運用に際して，税務上の留意点を教えてください。

結 論

Q14の「海外出張規定の整備」でも留意すべき点として取り上げましたが，第一に，「税金に関する規定」が挙げられます。所得税の取扱いは出向先現地の所得税法により，日本と違う課税所得の範囲，税率，所得控除の方法などが適用されます。結果として，日本で支払っていた税金よりも多くの税金を支払うケースや少ない税金を支払うケースが想定されます。出向前と出向後の税金の負担で出向社員に不利益が生じないような設計・規定を設けることが重要となります。

具体的には，Tax equalization（タックスイコライゼーション）の制度を設けることで，出向前後の税金の負担が均衡になるように調整することができます。

次に，海外出向規定に住宅費（借上住宅など），子女教育手当，ホームリーブ費用などの手当に関する規定を設けることが多くありますが，出向先の現地所得税法で非課税とされる現物給与の範囲に含まれるケースがあるので，実際の運用は現地の所得税法に照らして，支払方法（例：住宅は現地法人の借上住宅とするなど）を決定します。これらは，海外出向規定に基づき出向指示書などを作成するときに記載することになります。それが結果として，会社の負担も減らすことになります（タックスイコライゼーションを採用している場合）。

ポイント

▶　出向者が海外赴任によって，税金の負担で不利益が生じないようにします。
▶　出向先現地の所得税法上の非課税給与の範囲を確認し，非課税の適用を受けることができるように規定を運用します。

解 説

1　税金条項の設計

海外出向者が海外出向したことによって，出向前と比較して多額の税金を支払う不利益が生じることを会社は避けるべきです。これをあらかじめ，出向規定で明確にしておくことで出向者も安心して海外赴任することができます。

2　現地所得税の非課税給与の範囲の確認

出向先の現地の所得税法で非課税とされる給与があります。

例えば，中国の個人所得税法では出向社員の住宅について，会社が家主と直接契約して賃料を全額支払い，正式な発票を取得している場合，非課税となります。

これを出向社員が，直接，家主と契約して住宅として出向先の法人から手当の支給を受けると非課税の給与とみなされず，課税所得の範囲に含まれてしまいます。会社が税金条項でタックスイコライゼーション制度を採用していると，結果として会社の負担増につながることになります。海外出向規定は，現地の税法に合わせて柔軟に運用することが肝要となります。

海外出向前

Q17 海外出向規程の整備と運用（税務以外）

CHAPTER 2

この度，海外出向者を出すことになりましたが，海外出向規程を整備する必要があるでしょうか？　また，海外出向規程はどのように作成していくべきでしょうか？　また，初めての駐在ですので会社側としてどういう準備をしていくべきかについてのノウハウがありません。とりあえず赴任させて，後から課題を解決していくというようなスタイルでもよいでしょうか？

結論

海外出向規程は会社と海外出向者が条件を明らかにし，公平性と安心感を持って海外赴任を行うためのものです。赴任先での労働条件が明確になっていないと海外赴任者に不安を与えてしまうことにもつながります。ゆえに，法律上の作成義務はありませんが，できれば作成しておくのが望ましいといえます。最初にある程度きちんとルールを決めておくことで，後々のトラブルを軽減できることもあります。

なお，作成にあたって，インターネットからひな形をダウンロードして使ったり，ひな型の規程をほぼそのまま使用するような会社もあります。これらを利用することで検討事項も見えてくるため，参考になる部分も多いですが，企業の規模や赴任先の状況は様々であるため，そのまま使うことは避け，できるだけ自社向けにカスタマイズした方がよいでしょう。自社の状況を鑑みた海外出向規程を検討していくなかで，自社の実際の海外赴任者の状況や課題がよくわかってくるという面もあります。

なお，現地当局への提出義務はありませんが，税務調査などで提出する場合は，申告内容と整合性がとれているかどうかの確認をしておくのが望ましいでしょう。

また，一般的な海外出向規程の良い点としては，海外赴任者の赴任にあたって，会社管理部として整えるべき点が網羅されているという点です。それらを一通り検討するだけでも大いに参考になるのではないでしょうか。海外は変化も早いため課題の都度対処するという姿勢も大事ですが，個別対応が多いと，人事担当者の手間も増えますし，ルールが統一されなかったり，人事担当者が異動や退職をした際に引継ぎができなかったり等の問題が生じやすくなります。よって，できれば海外出向規程を作成するか，若しくは，海外出向辞令などに労働条件を明確に記載しておくことが理想的です。

ポイント

▶ 海外出向規程は，出向者と会社側の決めごとを明らかにし，トラブルを軽減するために有用なものです。

▶ 企業の規模や赴任先などにより，赴任規程の内容をカスタマイズするのが望ましいといえます。

▶ 現地当局への提出の場合，各種申告内容（税務，ビザなど）との整合性確認を行う必要があります。

解 説

1　海外出向規程の法的な位置付け

労働基準法では，海外出向規程は，就業規則の絶対的記載事項ではありませんが，会社で赴任条件などのルール決めをした場合には，相対的記載事項として就業規則への記載が必要になることがあります。海外赴任者が少ない場合などは，個別に対処し全社的な海外出向規程は作らないという方法を取る企業もあります。しかし，海外赴任者に対する会社の条件やカバー範囲は多岐にわたり，普段は海外進出に縁のない日本企業からは想定もしにくいものも多いですので，ある程度網羅的に条件を整備するためにも海外出向規程を整備した方がよいでしょう。

2　内容

企業と赴任者の条件（赴任期間，手当等）を明確にし，赴任者の不安を取り除き，企業にとっては規則的な運用を確保するのが主な役割となっています。一方，海外事業の状況により，赴任期間が延長されたり，逆に短縮されたりすることもあります。海外事業は会社内ではプロジェクトの一つという位置付けである場合もあり，その他の労働条件についても見直すこともありますので，変更の可能性についても記載しておくとよいでしょう。

3　企業規模による特徴（各企業の特性とポリシー）

海外赴任者に対するバックアップは企業によりまちまちです。大手企業などは手厚い待遇がありますが，中小企業は予算の都合上同じような待遇を準備するのは難しいという面もあります。また，上場企業であっても，各種手当などの待遇は手厚いものの，ホームリーブは2年に1回しか認めないなどの対応をしているところもあります。このあたりは，各企業のビジネスの特徴や，企業のポリシーに基づく部分もありますし，各企業の特徴をうまく反映させるのが望ましいのではないでしょうか。中小企業で予算の限界がある場合もその他の条件で調整するなどして，企業，赴任者ともある程度納得できて，安心できる規定を作成するのが理想的です。

4　現地提出の場合の留意点

現地提出の場合，国，地域によってはPE認定の判断材料とされる場合もあります。現在の申告状況と矛盾や誤解を生むポイントがないかの確認と，地域の課税事情（出向者のPE認定など）を提出前に確認するのが望ましいでしょう。

5　幅広い論点の網羅的な検討のために役立てる

一般的な海外出向規程を活用する際の良い点としては，日本の管理部が検討すべき点が網羅意的に把握できるという点です。実際に規程に盛り込むかどうかは別にしても，大企業ではこういう論点があるというのを把握するために役立ちます。取捨選択は個々の企業の実情において行うという方法もあります。

海外出向前

Q18 海外出向指示書（海外出向契約）と出向先現地法人との間の取決め

CHAPTER 2

当社は社員Aをインドネシアの現地子会社へ出向させることとし，当社の海外出向規定に準じて出向社員の海外勤務時の給与を支給します。インドネシア現地子会社は現地の規定に準じて海外基本給与及び住宅（借上住宅）などを手配しますが，当社と現地子会社の間で，あらかじめ，これらの給与の負担に係る取決めを書面で取り交わしておく必要はあるでしょうか？

結 論

貴社とインドネシア現地子会社との間の出向社員の給与の負担に係る取決めは，書面で取り交わしておくのが望ましいといえます。

後述のQ23のとおり，海外現地法人へ出向した社員の給与に関する日本の親会社の負担について「税務調査で問題視される」ケースがよくあります。出向元である日本の法人が出向社員の給与を負担しても，それが留守宅手当（Q23を参照）に該当すれば法人税法上，損金算入が認められますが，この留守宅手当は税務上，各社の個別の事情，状況に応じて判断され，必ずしも負担した金額全額の損金算入が認められるとは限らないため，その判断材料の一つを提示するという意味でもあらかじめ作成しておくのが望ましいと考えます。

ポイント

▶ 後述のQ23のとおり，各社の個別の事情・状況に応じて，海外赴任費・帰任費，海外基本給，海外勤務手当，住宅費（借上住宅など），子女教育手当，帯同家族手当，別居手当，ホームリーブ費用，ハードシップ手当，現地の社会保険及び税金及び健康診断などの費用の負担を分担します。

▶ 海外基本給，住宅費（借上住宅など）及び帰任費など現地通貨で精算される支払は出向先の現地法人で極力，負担します。

解 説

1 海外給与の負担割合と現地通貨で精算される支払

海外給与負担割合の例として以下の表を取り上げます。

ここでは，海外現地で精算が必要となる支払は，極力，現地法人の負担としています。その理由は，現地で精算が必要となる支払を日本の親会社が行うとすると，その都度，外貨の換算及び外貨の為替手数料などのコストも発生し，タックスイコライゼーションを採用している場合や，みなし税金の控除後の給与に海外手当などを考慮して海外出向者の給与を計算する場合に，円貨・外貨

項目	日本親会社	インドネシア子会社
海外基本給	—	○
海外手当	○	—
ハードシップ手当	○	—
住宅費	—	○
留守宅手当	○	—
子女教育費	—	○
帯同家族手当	—	○
別居費	○	—
ホームリーブ費用	—	○
現地所得税・社会保険	—	○
健康診断	○	—
海外赴任費	○	—
海外帰任費	—	○

の区分・換算の計算がより複雑になってしまうためです。この手間をなるべく少なくするために，現地通貨で精算される支出は極力，現地法人で負担する，とする考え方も合理性があるといえます。

2 出向元及び出向先の間で海外給与負担割合を書面で取り交わす意義

海外出向に係る留守宅手当等のQ23で解説しますが，法人税基本通達9-2-47（出向者に対する較差補填）では，出向元と出向先の給与の条件の較差を補填するために支給する給与の額について，出向元法人の損金算入を認めていますが，損金算入が認められるとする具体的な負担割合・基準は設けていません。法人のそれぞれの個別の事情・状況に応じて判断されることになるため，この判断の視点の例として上記表の各項目について出向先と出向元の間で議論の末，負担割合を決定して，書面に残すことに意味があると考えます。

海外出向前

Q19 海外赴任者の給与設計（差引手取り支給額からのグロスアップ）

CHAPTER 2

この度，初の海外子会社出向者を出すことになりましたが，給与設定をどのようにすべきか悩んでいます。税率が日本と海外では異なると思うのですが，どのように考えていくのがよいでしょうか？

結 論

まず，国内勤務時の差引手取り支給額が本人に支給すべき最低手取り額としてのスタート地点となります（Column06　タックスイコライゼーション参照）。そこから，企業の考え方により手当金額等を加算した金額で給与金額を考えていくことになります。なお，日本と国外は税率も異なりますので，差引手取り支給額を保証するためには，給与の額面金額を改定する必要があります。

ポイント

▶　差引手取り支給額の保証が最低ラインであり，給与設計の出発点となります。

▶　差引手取り支給額の保証には，額面給与金額を改定する必要があります。

▶　そこに，企業の考え方により各種手当金額を加算していきます。

▶　地域によってはグロスアップ分の税金部分が企業所得税法上損金不算入とされる場合があるため，その場合は，総額を調整する必要があります。

解 説

駐在員の給与支給については，様々な考え方がありますが，国内勤務時の手取り支給額を保証するのは最低ラインであり，出発点となります。そこに，各種ハードシップ手当などが企業により加算されることになりますが，給与に係る所得税の税率が日本と海外では異なるためそれを考慮した給与設計にする必要があります。

1　差引手取り支給額とみなし所得税の考え方

差引手取り支給額ですが，一般的には国内勤務時の毎月の差引手取り支給金額が生じます。ここで経理担当の方から疑問が生じるのは，

① 毎月の手取り支給額は，仮の源泉徴収所得税控除後の金額であり，年末調整後の金額が正しい金額ではないのか？

② 住民税はどう考えれば良いのか？

という点です。これは，正確な計算としてはそのとおりなのですが，一般的には毎月の単純な所得税のみを「みなし所得税」として計算し，差引手取り支給額としているケースが多いようです。

▌イメージ図

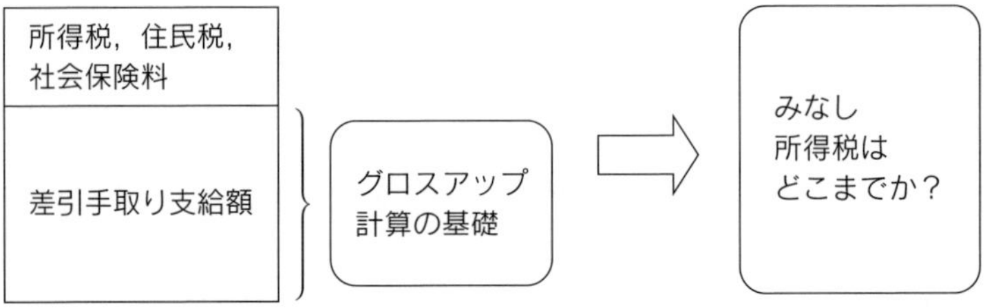

ただし，会社によってはシステムの関係などで年末調整などを完全に反映した金額を差引手取り支給額としている場合もあります。

また，個別の事情では「うちは住宅ローン控除がある！」などという場合もありますので，ひとくちに「みなし所得税」といっても突き詰めていくといろいろなパターンがあることとなります。最も理論的なのは，日本で年末調整を受けたと仮定した場合に計算される確定所得税額，住民税額を12等分するのが理論的には正しいかと思いますが，そこまでやっている企業は上場企業を含

めてもそれほど多くないようです。一方，外資企業などはこういった計算を導入しているという事例もあります。

2　グロスアップ分の損金不算入の可能性

　また，中国では地域によってはグロスアップ部分について，本来個人が負担すべき税金を法人が負担しているとして，法人の企業所得税の課税所得計算上損金不算入とされる場合があります（考え方としては，個人所得税は個人が負担すべきものなので，会社が負担した場合損金不算入にするというものです）。その場合は，給与総額を調整する必要があります。

海外出向前

Q20 日本出国時の各種手当の負担と課税

CHAPTER 2

中国への赴任にあたり，荷造り費用などの支度金の準備が必要かと考えています。その際，どういった項目の費用をどの程度出すものなのでしょうか？　また，日本や中国で所得税課税などはされないものでしょうか？

結 論

一般的には，以下のような費用が赴任前手当として支給されています。ただし，どの項目を支給するかは企業により様々です。

① 赴任支度金

② 運送費用

③ 予防接種

④ 語学研修費

⑤ 健康診断

どの項目を支給するかを検討し，日本親会社が負担するか，海外子会社が負担するかを決定します。所得税又は海外で個人所得税の課税関係も確認し，課税される場合は給与に加算して申告します。

ポイント

▶ どの手当を支給するか検討します。支給項目は企業により様々ですので，赴任条件や予算に応じて検討します。

▶ 親会社が負担するか，海外子会社が負担するかを検討します。基本的に支払先が日本なら日本親会社，海外なら海外子会社とする方が，事務的には簡便です。ただし，税務上の妥当性には留意する必要があります。

▶　赴任時の手当関係は合理的な範囲での実費相当額であれば日本の所得税，海外の個人所得税とも課税されない場合が多いですが，国ごとに非課税の要件は異なりますので，赴任国の要件を確認する必要があります。

解説

1　どの手当を支給すべきか？

どの手当を支給するかは会社によりまちまちです。赴任先の環境や，給与等総合的な条件のバランスから決定していくべきでしょう。家族帯同の場合の場合等は運送費がある程度かかりますし，逆に単身の場合や現地に一通り家具一式がある場合等は，それ程費用はかかりません。また，赴任地が外国人の多い大都市の場合，言語が英語や日本語だけでもとりあえず生活していけますが，外国人が全くいない都市で，社内言語も中国語のみといった場合は，やはり事前の語学研修などがないと赴任当初は苦労しますし，業務上支障が出る恐れもあります。

2　負担元を考える（支払地での負担が簡便）

どの手当を支給すべきか確定したら，次に日本親会社が負担するか，現地子会社が負担するかを検討します。一般的には，日本で支払う費用は日本親会社負担，赴任後現地で支払う費用は現地負担とする方が，精算の処理は簡便です。ただし，税務上の妥当性については留意する必要があります。

3　課税関係

(1) 各種手当の課税関係（所得税・個人所得税）

日本の所得税では，赴任前の語学研修については業務遂行上の必要に基づく等の場合は非課税とされています（所基通 9-15）。その他の手当等については，個別の規定はありませんが，合理的な実費相当額の範囲内であれば非課税とする運用がされています。

(2) 各種手当の課税関係（法人税・企業所得税）

日本では，所得税同様，事業上必要と認められる合理的な範囲であれば法人税法上，損金算入を認める運用がされています。ただし，赴任後の費用とされるものに関しては子会社寄附金の論点が生じる可能性があります。

企業所得税法上も中国では合理的な範囲で発票のある部分については，損金算入可能です。また，発票がなくても手当（給与）として個人所得税を申告していれば給与として損金算入できます。

4　支給金額の目安

支給金額・基準は企業によりまちまちです。そもそもの海外勤務での基本給がいくらであるかによりも大きく異なってくるでしょう。基本給がいくらか現地での生活環境がどういったものか等の総合的なバランスにより考えていくことになります。また，不相当に高額になると税務上問題になる可能性があります。

Column08　企業規模により大きく異なる海外出向規程の内容

1．海外進出企業の多様性

ひと昔前は，海外進出は大手の商社や一部の大手企業，外務省などが中心でした。ところが，ここ20年程度で，海外進出の裾野は一気に広がり，中小企業も数多く海外へ進出し，また，日本の政策としても企業の海外進出は奨励されています。

2．イメージと公的情報

以前は，海外駐在は大手企業等を中心に行われるものであり，待遇もある程度手厚いものがなされていました。海外駐在が一般化した現在では，そういった待遇は一部であり，企業により待遇もまちまちです（かつては運転手付での通勤などが多かったのですが，交通事情も日本なみに発展している地域も多いので，日本同様電車通勤の駐在員も都市部では数多くいます）。

ところが，海外出向規程やジェトロなどの公的情報はなんとなく旧来の駐在員をイメージさせるようなものが多く，若干実態と乖離したイメージを与えている感もあります。現在では海外赴任が一般化しており，また，新興国のイメージのあるアジア諸国でも生活水準はかなり向上しているため，かつてのような手厚い待遇は薄れつつあります。ただ，一方で中国でも上海のような日本の東京と変わらないような生活が送れる都市と，外国人の少ない地方都市では利便性やストレスは大きく異なりますので，そのあたりの事情は中小企業であっても十分考慮する必要があるのではないでしょうか。

同じ中国でも上海のような外資企業の多い大都市と，外資企業が珍しいような地方都市では，駐在員の生活環境はかなり異なります。

あまりに過酷な環境や，都市間で不公平感のある待遇は，不満や退職，場合によっては事故や不正のきっかけにもなります。また，上記の差異があっても，どちらの環境を好むかは個人差も大きいかと思います。例えば上記のような日本人の少ない地方都市であっても，「どっぷり現地につかりたい，中国語を勉強したい」という駐在員の方には理想的な環境ともいえます。ゆえに，現地駐在員の実際の生活状況を把握したうえで，相応の配慮や人材の選定を行うのが理想的でしょう。

▍赴任都市の違いによる生活環境の差異例

項目	上海等の外資企業も多い大都市	外資企業がほとんどないような地方都市
言語環境	簡単な英語を話す人も多く，日本語通訳人材も豊富	日本語はおろか簡単な英語を話す人もそれほど多くない。ある程度中国語ができないと日常生活も不便。
日本料理店	豊富（価格は高い場合も）	街に一軒もない場合もあり日本食は自分でつくるしかない場合も
日本人学校	あり 生徒数も多く，高校まである都市も	なし 若しくは補習校など
コンビニエンスストア	日本でお馴染みのコンビニが豊富	コンビニ自体ない場合も。夜は店が閉まる
日本人会，商工会等	あり 日本人同士の交流も盛ん	日本人自体が少なく，日本人会等がない場合も
駐在員の休日の過ごし方（あくまで一例です）	ゴルフ，野球等の日本人サークル等	DVD 鑑賞，中国語学習，観光等。休日は日本語を話す機会がない場合も。逆にいうと中国語三昧の日々を送れる。

Column09　中小企業担当者の大変さと利点（本社専門家の力）

1．他社情報を聞いた現地社員からの意見

中小企業の海外情報や管理の場合，国内と異なる特徴があります。それは，国内の管理部門は人事にせよ，財務にせよ，担当部署の社員はその道のプロであるため，一般社員よりも多くの経験と知識を有するのが通常ですが，海外勤務になると，現地の事情や日々変化する現地法令や情勢は，プロである本社社員よりも，実際現地に行っている駐在員の方が詳しくなるという逆転現象が生じることです。したがって，現地から「他社ではこうなのに，なんでわが社はこうなの？」という問い合わせを受け，本社の管理部は対応に苦労するということがしばしば起きることになるのです。

2．小回りは効く

その分，硬直的な対応でなく，個別の事情に応じて小回りの利く対応ができるのが中小企業の強みでもあります。例えば給与は限度があっても，休日やホームリーブなどは柔軟に設計できる場合もあるでしょう。

3．個別の情報の専門部署による整理

海外では情報の逆転現象があるが，整理ができるのは専門家

専門家である本社専門部署より，実際に現地に駐在している駐在員の方が実務上の情報を持っているという逆転現象が生じているのが，本社の専門部署にとってはつらいところです。しかし，一方で現地にいなくても専門家の力が有用な局面があります。それは，「論点を整理する力」です。駐在員は現地の情報を，結論という形でいわば断片的に持っていますが，それを日本，外国の税法，社会保険，社内ガバナンス等のファクター別に整理していくという点においては，やはり日本本社勤務の方であっても人事，財務の専門部署の方が得意なようです。日本の経験といえども専門家の経験や論点整理能力は有用ですので，うまく海外駐在員，現地スタッフの力とミックスさせていくのが理想的ではないでしょうか。

海外出向前

Q21 駐在員の選定，日本出国時までに手続が必要な税務以外の事項（ビザ・予防接種など）

CHAPTER 2

この度，わが社初の海外出向者を出すこととなりました。税務について必要な手続は日本と海外の会計事務所に聞いて把握できてきたのですが，税務以外でどういった準備が必要でしょうか？　また駐在員の選定や家族の帯同はどのように考えるべきでしょうか？

結 論

▶　税務以外では，ビザ，住居，現地学校の確認，海外旅行傷害保険の加入などが必要事項です。

▶　安全確保が第一，特に，海外旅行傷害保険の加入は必須事項となります。

▶　家族帯同の場合，整備する項目は大きく増えますが，駐在員の生活面や精神状態など，家族帯同にするメリットも大きくあります。

ポイント

▶　ビザは海外赴任のための絶対必要条件であるため，必ず事前確認を行います。

▶　住居等の駐在員の生活環境確保も重要です。日本では想定しにくいところに不備がある場合も多くあります。

▶　安全を第一に考え，海外旅行傷害保険も加入します。本人に緊急の場合の対応方法等のレクチャーも必要です。

▶　家族帯同は費用はかかりますが，駐在員の生活，精神面の安定等のメリットもあります。

解説

税務以外にも海外駐在には様々な準備をしなければならない点があります。

1　駐在候補者の選定・ビザの要件の確認

まず，そもそもビザが取得できなければ赴任できませんので，当該要件がクリアできる人材を派遣候補者に選ぶ必要があります。地域ごとに細かい要件が異なる場合もありますので，事前に現地へ確認のうえ候補者の選定を行います。なお，筆者の個人的経験ですが，海外勤務に適応するかどうかは赴任してみるまでわからないケースが多いようです。赴任前は海外嫌いだった社員が赴任後非常に適応して「帰任したくない」と言うようになるケースも少なからずあります。

2　生活環境の確保と相性

税務やビザ，社会保険などの手続はもちろんですが，駐在員の海外での安全や，精神面での安定も重要な課題です。海外駐在はやはり個人の適性も大きく関係し，十分でない環境でも大きく力を発揮する方もいれば，恵まれた環境にいても海外生活自体が合わないという方もいらっしゃいます。また，このあたりの適性について厄介なのは実際に赴任してみないとわからないという点です。健康面では事前の健康診断の実施や持病の通院への配慮，赴任国によっては予防接種をした方がよい場合もあります。

3　安全第一

不適応による帰任や事故なども実際は発生していますので，現地法人の利益もさることながら，まずは，「駐在員を安全に赴任させる」ということを念頭に置き，それも含めて海外駐在のコストだと考えるべきではないでしょうか。

4　家族帯同の検討

海外駐在に家族を帯同させるかという点については，メリットとデメリットがあります。デメリットは費用が掛かり，家族の分も安全や環境を確保しなければならないという点ですが，メリットとしては駐在員本人の生活，精神面が安定するというものがあります。このあたりは赴任期間や赴任地の環境に応じて判断していくこととなります。まず本人が赴任し，本人が半年ほど経過して現地の生活になれた時点で，家族を呼び寄せるという場合もあります。

海外出向前

Q22　海外出向に係る留守宅手当の取扱い（1）

CHAPTER 2

海外（米国）子会社に出向中（3年の予定）の社員Aに出向元（日本親会社）から支給される留守宅手当の税務上の取扱いを教えてください。

結論

海外出向社員Aは所得税法上，非居住者に該当し，日本国内源泉所得に対して課税を受けますが，米国子会社に勤務している社員Aに対する留守宅手当の支給は日本国外源泉所得に該当するため日本で課税を受けません。

したがって，日本親会社が留守宅手当を支給するに際し，所得税の源泉徴収も必要ありません。

また，出向者に対する較差補塡の意味合いとして，法人税基本通達9-2-47では，海外にある法人への出向についても，留守宅手当の額については損金算入を認めています。

ポイント

- ▶　海外出向社員は日本の所得税法上，非居住者に該当し，勤務地（役務の提供地）は日本国外で，所得源泉地は日本国外となります。
- ▶　設例の留守宅手当は日本国外源泉所得（米国源泉所得）の給与所得に該当します。
- ▶　出向社員が日本親会社の役員を兼務している場合を除き，所得税の源泉徴収は必要ありません。
- ▶　留守宅手当の支給額が不相当に高額な場合は，日本親会社は日本の法人税法上，海外子会社に対する海外寄附金の認定又は移転価格税制の適用を受ける場合があります。

解 説

1　日本国内法（所得税法）の居住者・非居住者の区分と納税義務

米国子会社に3年の予定で出向している社員は，日本国外に継続して1年以上居住することが予定されていることから，非居住者に該当し，非居住者の納税義務は日本国内源泉所得に限定されます（所基通3-3，所法7）。

2　日本国内源泉所得と留守宅手当等

非居住者は日本国内源泉所得についてのみ納税義務を負い，日本国内源泉所得に該当する給与は日本国内において行う勤務に起因するものと規定しています。

したがって，米国国内において行う勤務に起因して支給する留守宅手当等は日本国内源泉所得に該当しないため，日本において課税は生じません。所得税の源泉徴収も必要ありません（所法161十二イ）。

3　役員の国内源泉所得

所得税法は，内国法人の役員として国外において行う勤務は日本国内源泉所得とする，と規定しています。したがって，米国の出向社員が日本親会社の役員を兼務する場合に支給を受ける留守宅手当等は日本国内源泉所得（給与）に該当し，20.42％の源泉徴収を行うことにより，米国出向者の日本での課税関係は完了します（所法161十二イ，213，復興財源法28）。なお，日米租税条約においても，米国で勤務するAが日本の法人の役員として受ける報酬の額について日本の課税に制限を設けていません（日米租税条約15：役員報酬）。

4　海外寄附金の認定又は移転価格税制適用のリスク

海外出向者に支給される留守宅手当等の額が不相当に高額である場合，支給額の算定根拠に経済合理性がない，又は経済合理性があっても留守宅手当等の額のうち一部の金額を，課税庁から米国子会社に対する海外寄附金の認定又は移転価格税制の適用を受ける可能性があります（措法66の4①③)。

海外出向前

Q23 海外出向に係る留守宅手当の取扱い（2）

CHAPTER 2

海外現地法人へ出向した出向社員の給与に関する日本の親会社の負担について，「税務調査で問題視される」という言葉をよく耳にするのですが，どういうことでしょうか？

当社は年内にインドネシアに現地の合弁相手と現地法人を設立する予定で日本から現地法人の代表及び製造の責任者を出向させる予定です。

現在，合弁会社の設立に向けて合弁相手と様々な取決め，条件設定及び役割分担の話し合いを進めているところです。先ほど，当社からの出向者の給与について，月額 100 万円を支給するなかで，合弁会社で支給する金額が日本円で月額 50 万円相当額と決定しました。当社はその差額である 50 万円相当額を日本払いで支給する予定です。

結 論

法人税法では法人の所得金額の計算について，当該法人の収益に係る原価，販売費・管理費等，収益の獲得に対応する支出のみが損金として認められ，海外現地法人へ出向した社員の給与を当社が負担しても当社の収益の獲得に貢献しないため（注：海外出向者が当社の収益の獲得に貢献すると主張すると出向の相手国で出向者が PE 認定されることも考えられます。Q12 参照），原則として海外現地法人への寄附金とされ損金の額に算入することはできません。さらに，日本の法人が支給する留守宅手当について，海外出向社員の日本への出張期間中に対応する金額は日本の国内源泉所得に該当し，20.42 %の所得税の源泉徴収を失念するケースがあります。

これが税務調査で問題視されています。

しかし，法人税基本通達 9-2-47（出向者に対する較差補填）では，出向先の法人が経営不振の状況にある場合に負担する一部の給与，海外出向者に対する留守宅手当の額については，出向元法人での損金算入を認めています。

上記の情報だけでは本通達の趣旨に合致するかどうか判断することはできません。しかし，合弁相手との議論の末，決定された金額であると推測されるので，本通達でいう“給与条件の較差を補塡するために支給することとなるもの”に該当し，出向元の当社で損金の額に算入することが可能と思われます。

ポイント

▶ 法人税基本通達 9-2-47（出向者に対する較差補塡）で，一定の状況下において出向元の法人が負担する給与について損金算入を認めています。

▶ 一定の状況下で，出向元法人が給与条件の較差を補塡するために支給することが本通達の趣旨となります。

▶ 本社が海外出向社員に支給する留守宅手当のうち，海外出向社員の日本出張期間に対応する金額は日本の国内源泉所得となり所得税の源泉徴収が必要となります。

解 説

1　法人税基本通達 9-2-47（出向者に対する較差補塡）

出向元法人が出向先法人との給与条件の較差を補塡するため出向者に対して支給した給与の額（出向先法人を経て支給した金額を含む。）は，当該出向元法人の損金の額に算入する。

（注）　出向元法人が出向者に対して支給する次の金額は，いずれも給与条件の較差を補塡するために支給したものとする。

1　出向先法人が経営不振等で出向者に賞与を支給することができないため出向元法人が当該出向者に対して支給する賞与の額

2　出向先法人が海外にあるため出向元法人が支給するいわゆる留守宅手当の額

例えば，出向先の海外現地法人が経営不振の状態にあり，当社の社員Aが経営再建のために出向を命じられる場合，海外現地法人には社員Aに十分な給与を支給できる余裕はないと思われます。その結果，社員Aの給与が出向前と比較して減少する場合，社員Aは海外出向に躊躇するのではないでしょうか。そうした場合に出向元である法人が給与条件の較差を補填するために支給する場合は，出向元法人の損金算入を認めよう，とするのが本通達の趣旨といえます。

2　法人税基本通達の制定について

そもそも，基本通達は，上級行政庁の下級行政庁への命令であり，行政組織の内部では拘束力を持ちますが，国民に対して拘束力を持つ法規ではなく，裁判所もそれに拘束されません。また，法人税基本通達の制定について，個別的事情に即した弾力的な課税処理を行うための基準とされ，通達の具体的な運用にあたっては，法令の規定の趣旨，制度の背景のみならず条理，社会通念も勘案しつつ，個々の具体的事案に妥当する処理を図るように努められたい，と謳われています。

したがって，会社が上記1の趣旨に照らして，法人ごとの個別の事情をきちんと説明できることが重要になってくるのではないでしょうか。

3　短期滞在者免税規定の不適用

(1) 非居住者の課税所得の範囲

所得税法における非居住者の課税所得の範囲は日本国内源泉所得に限定されています。このうち給与所得について所得源泉地の判定は，その役務の提供地で判断されます。海外出向社員Aの日本出張中の役務提供地は日本となり，その出張期間中に対応する所得は，日本国内源泉所得となり，20.42％の税率による所得税の源泉徴収が必要となります（所法 212，213，復興財源法 28）。

(2) 日本・インドネシア租税条約第 15 条（給与所得）

日本がインドネシアと締結している租税条約の第 15 条（給与所得）においても短期滞在者の免税規定が置かれています。しかし，当社が海外出向社員の留守宅手当を支給している状況は，免税規定適用のための 3 要件の一つである「国内の拠点・場所（恒久的施設）に実質的に給与を負担させない」の要件を満たさないため，インドネシアの居住者である社員 A について，出張期間中に対応する留守宅手当の額については，短期滞在者免税は適用されずに，その支給に際し，20.42 %の税率で所得税を源泉徴収する必要があります（所法 213，復興財源法 28）。

海外出向前

Q24 海外出向に係る留守宅手当等と海外寄附金の境界

CHAPTER 2

Q23 の説例のケースは合弁会社が前提となっていますが，海外の出向先が当社の 100 %子会社であっても，当社が較差補填した給与の額は全額を当社の損金の額の額に算入することはできるのでしょうか？

結 論

法人税基本通達 9-2-47（出向者に対する較差補填）では，出向元と出向先の給与の条件の較差を補填するために支給する給与の額について，出向元法人の損金算入を認めていますが，損金算入が認められるとする具体的な負担割合・基準は設けていません。

法人のそれぞれの個別の事情・状況に応じて判断されることになりますが，この判断の視点の例として，日本と海外の社会保険制度，日本との給与較差，日本の法人の資本の持分割合及び海外現地子会社との取引価格（移転価格）などが挙げられます。なお，明確な根拠も乏しく，感覚的に現地スタッフとの給与水準の比較だけで較差を補填するために支給する給与については，その一部が海外子会社に対する寄附金として認定されるリスクを高めることになると思われます。

ポイント

▶ 現地と日本の社会保険制度に基因する出向元法人の出向者に対する較差を補填するために支給する給与は，損金算入が認められる余地が大きいと思われます。

▶ 合弁会社の出向社員に対する較差を補塡するために支給する給与も単独出資のケースより損金算入が認められる余地が大きいと思われます。

▶ 出向先が製造子会社でその製品の大部分を親会社へ輸出している場合，出向社員に対する較差を補塡するために支給する給与は，移転価格税制の観点からも，損金算入が認められる余地が大きいと思われます。

▶ 現地の給与水準を較差補塡の根拠とする場合，比較対象として現地のどの（誰の）水準の給与を比較対象にするか検討・確認することが重要となります。

解 説

1　現地と日本の社会保険制度

出向先のなかには現地の社会保険制度が充実しておらず，出向社員の健康や年金受給額の影響を考慮して，出向者のために日本の社会保険制度に継続して加入しているケースがほとんどを占めます。また，出向先がフランスや米国であれば相手国の社会保障制度に対して支払う保険料について，駐在国の社会保険制度に加入する必要がないことを相互に認める措置が導入されています。この場合，例えば，米国での駐在期間が５年以内の出向社員が日本の社会保障制度に対する保険料を支払っている場合には，現地の社会保険制度に加入する必要はなくなります。日本と新興国との間にはこうした社会保障に関する協定が発効されている例はなく，このような場合，両国の社会保険制度に基因する較差を補塡するために支給する給与は損金算入が認められる余地が大きいと思われます。

2　合弁会社への出向社員に対する較差補塡

海外の現地パートナー会社と合弁で会社を設立する場合，日本からの出向社員に対する現地合弁会社で支払う給与や住宅その他手当の額について，あらかじめ，合弁相手と話し合いが行われるのが一般的です。出向社員に対する給与の総額のうち，こうした話し合いの結果，現地合弁会社で支払うこととなる出向社員の給与等の額を超える金額を補塡する場合は，損金算入が認められるものと考えます。

3 較差補塡と移転価格

海外の製造子会社へ出向した社員の給与を日本の親会社が，例えば，全額，負担したとても，較差補塡が認められるケースがあります。それは，海外の製造子会社が製造した製品をほぼ全量，日本の親会社へ輸出している場合，その出向社員の給与相当額は海外の製造子会社の総原価を上昇させる要因となります。そうすると日本の親会社が海外の製造子会社から仕入れる製品価格も出向社員の給与を負担しない場合，上昇することから，結果として，日本の親会社が出向社員の給与を負担することに経済合理性が立つわけです。

4 現地スタッフの給与水準の検討

出向先の給与水準と出向元の給与水準を比較して，較差の補塡が必要かどうかを検討するわけですが，ここで何を（誰の）出向先の給与水準を比較対象とするかが問題となってきます。現地スタッフのうち，出向社員と同水準の役職者がいれば，当該役職者の給与に外国語（この場合，日本語）が堪能の場合のプラスアップを考慮して比較対象の給与と見なすこともできるでしょう。しかし，そうした役職者がいない場合は，外部から有料でそうした情報を入手するか，公的機関が提供している各国・地域ごとの投資コスト比較情報などで，出向先の地域の業種別，役職別の給与水準を確認し，定期的（例：2～3年に一度のペース）に較差補塡する給与の額を見直すことで客観性が保たれるのではないでしょうか。明確な根拠もなく，単純に較差補塡する給与の額を決定・運用してしまうと，税務調査で指摘を受けるリスクを高めることになると思われます。

海外出向前

Q25 海外出向者と日本本社給与負担金の精算

CHAPTER 2

Q7の出張者がタイ子会社の出向社員へと変更となり，その給与に関して当社は日本において較差補塡の給与として1カ月当たり30万円を日本において支給していますが，このうち半分の15万円相当額を給与負担金の名目でタイ子会社と精算・徴収していたところ，タイの税務当局から所得税等の源泉徴収が必要と現地子会社は指導を受けたようです。

結 論

課税の根拠はタイ子会社の出向者のPE認定による課税と推定されます。

タイと日本の間には二重課税防止のために二国間租税条約が締結されており，タイ現地法人から日本の法人（親会社など）への利息の支払，配当金，使用料及び役務提供料の支払を行う際，タイの国内法令では15％の所得税の源泉徴収が規定されています。事業所得や人的役務の提供の対価の支払については，日本タイ租税条約上ではタイ国内にPE（恒久的施設）がなければ，若しくはタイ国内において役務の提供を行わない限り課税されないと規定しています。

しかし，タイの税務当局は日本タイの租税条約第5条（恒久的施設）及び第14条（人的役務の提供に対する報酬）などの規定を根拠として，日本からタイ子会社への出向社員を当社のPEと認定し，タイ子会社の当社に対する給与負担金の精算に係る支払を人的役務の提供に対する対価の支払として5％の所得税の源泉徴収とタイ国内における役務の提供の対価のため7％の付加価値税の徴収を指導しているものと推測されます。

ポイント

▶ 日本タイの租税条約第5条（恒久的施設）では，一方の国の居住者が他方の国において使用人その他の職員を通じて12カ月の間に6カ月を超える役務の提供を行われるときに限り，他方の国に恒久的施設（PE）を有するものと規定しています。

▶ 日本タイの租税条約第14条（人的役務の提供に対する報酬）では，報酬・所得の受領者が1年を通じて合計180日を超えて他方の国に滞在して提供する人的役務について取得する報酬・所得の課税権をその他方の国に認めています。

▶ タイ国内における物品の販売やサービスの提供及び輸入に対して付加価値税（VAT）が課税されます。VATの税率は7％となります。

解 説

1 日本タイの租税条約第5条（恒久的施設／PE）の内容

規定の定義のなかで，一方の締約国の企業が他方の締約国内において使用人その他の職員を通じて役務の提供（コンサルタントの役務の提供を含む）を行う場合には，このような活動が単一のプロジェクト又は複数の関連プロジェクトについて12カ月の間に合計6カ月を超える期間行われるときに限り，当該企業は，当該他方の締約国内に「恒久的施設」を有するものとされる，と規定しています。

タイの税務当局は，日本の当社がタイの子会社との間で給与負担金の精算を行っている取引を上記の規定に当てはめてPEに該当するものとして取り扱っているものと想定されます。

2　日本タイの租税条約第 14 条（人的役務の提供に対する報酬）の内容

本規定では，一方の締約国の居住者が他方の締約国内において提供する人的役務について取得する報酬又は所得に対しては，報酬又は所得の受領者が当該年を通じて合計 180 日を超えて当該他方の締約国に滞在している場合などは，その他方の国において租税を課することができると規定しています。

タイの出向社員は，当然，タイ国内において年間 180 日を超えて滞在しているため，日本の当社がタイの子会社との間で行う給与負担金の精算を役務の提供に対する対価として所得税等を源泉徴収しているものと想定されます。

3　タイの付加価値税について

(1) 内容

付加価値税（VAT）の制度は，日本の消費税に相当し，タイ国内における物品の販売やサービスの提供及び輸入に対して原則として 7 %の税率（2023 年 9 月現在）で課税されます。VAT の負担者は最終消費者ですが，企業が納税義務者となるため，あらかじめ，税務当局に納税者登録を行う必要があります。

(2) VAT の申告と納税

VAT の納税義務者は，毎月末に VAT の計算を行い，翌月の 15 日までに申告・納税を行う必要があります。なお，外国法人からタイ国内でサービスの提供を受けて対価を支払うタイ法人は，その対価の支払時に VAT を徴収して翌月 7 日までに申告・納税する必要があります。

4　本事例における対応策

本事例におけるタイの税務当局による出向者が当社の PE とする判断ですが，出向者がタイの現地法人の単なる従業員ではなく出向元である当社の指示に基づいて，出向先であるタイ法人に対して，1 年以内に半年超の役務の提供を行っていると整理して，出向者を当社の PE と認定しているようです。この場合，日本企業は PE を通じて役務提供を行っていることになりますので，当社とタイ子会社との間の給与負担金の精算は，当社に対する報酬とみなされます。

この問題は，日本親会社とタイ子会社との間に出向社員に関する給与負担金の請求関係があったことがトリガーとなったため，日本の親会社が支払う日本払いの給与については，そもそも，日本の税務上，海外寄付金と取り扱われない範囲でタイ子会社と精算を行わない設計にすることが肝要となります。

海外出向前

Q26 海外出向時・帰任時の居住者・非居住者の判定

CHAPTER 2

社員Aは，8月20日に3年間の海外勤務の辞令を受け，9月27日にビザを取得，10月2日に出国，10月5日に現地着任予定です。なお，当社の給与は毎月15日締め25日支払です。

① 社員Aが非居住者になることは理解していますが，具体的にいつから非居住者になるのでしょうか？

② 9月25日支給の給与は，通常の給与と同様に源泉徴収をすればよろしいでしょうか？

③ 社員Aの帰任は，3年後を予定していますが，Aが帰任した際に，留意点があれば教えてください。

予定では，3年後の9月15日に入国する予定です。

結 論

海外勤務期間が当初より1年以上予定されて赴任する場合，出国の日の翌日から非居住者として取り扱われ，9月25日支給の給与の時点では，まだ，日本に滞在していることから，所得税法上，居住者として所得税の源泉徴収を行い，さらに同年1月1日から9月25日支給分までの給与について年末調整を行います。

3年後の帰任日9月15日以降に受領する給与は，居住者として所得税の源泉徴収を行います。

ポイント

▶ 海外勤務期間が当初より1年以上予定されている場合，出国の日の翌日から，非居住者として取り扱われ，本ケースの場合は10月3日より非居住者として取り扱われることになります。

▶ 9月25日支給の給与は，居住者の国内源泉所得に該当するため，給与所得の源泉徴収を行います。また，1月1日から9月25日までの給与を対象として，社員Aの年末調整をする必要があります。

▶ 社員Aが帰任した際には帰国した日の翌日より，居住者として取り扱われます。したがって，3年後の10月25日に支給する給与は，給与の全額が居住者の国内源泉所得に該当し，所得税の源泉徴収を要することとなります。

解 説

1　居住者と非居住者の判定について

所得税法では個人を居住者及び非居住者に区分して，それぞれの区分に応じて，下記の表のとおり，課税所得の範囲等を定めています（所法2，5，7）。

項目 区分	定義	課税所得の範囲	課税方法
居住者 （非永住者を除く。以下，同じ）	国内に住所を有し又は現在まで引き続いて1年以上居所を有する個人	国の内外で生じた全ての所得	申告納税又は源泉徴収
非居住者	居住者以外の個人	国内源泉所得	申告納税又は源泉徴収

2　居住者・非居住者に係る給与の源泉徴収税率について

給与に係る源泉徴収の税率等につき，居住者・非居住者の区分に応じて，以下の表のとおり，取扱いが異なります（所法 183，185，212，213，復興財源法 28）。

項目 区分	給与の国内源泉所得（※ 1）	給与の国外源泉所得（※ 2）
居住者	源泉徴収税額表に従って，源泉徴収	源泉徴収税額表に従って，源泉徴収
非居住者	20.42 %の税率により源泉徴収,	源泉徴収必要なし

※１　国内源泉所得とは，日本国内を発生源泉とする所得をいいます。
※２　国外源泉所得とは，日本国外を発生源泉とする所得をいいます。

3　居住者及び非居住者の具体的区分

海外勤務をすることとなった従業員の居住者と非居住者の区分は，具体的に以下のフローチャートによって行います（所令 14，15）

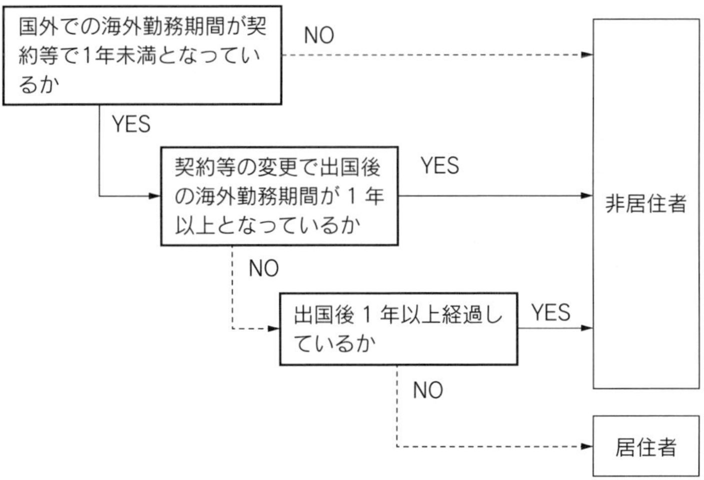

上記フローチャートのとおり，海外子会社等に勤務するために出国した従業員については，その海外子会社等における勤務期間が契約等においてあらかじ

め１年未満とされている場合を除き，出国の時から国内に住所を有さないものとみなされ，出国の日の翌日より非居住者として取り扱われます。

また，当初の契約等で国外での勤務期間が１年未満となっていたものの，契約等の変更により国外での勤務期間が１年以上となった場合には，その勤務期間の延長が決定した日（辞令の交付日等）の翌日から非居住者として取り扱われます。

海外出向前

Q27 海外出向前に行っておくべき社会保険等の手続

CHAPTER 2

当社はこの度初の海外子会社を設立し，子会社に本社社員を出向させることになりました。赴任予定期間は３年ですが，日本の社会保険の継続をどうするかで悩んでいます。非居住者となっても，日本の社会保険を継続することはできるのでしょうか？

結 論

非居住者となり，日本との雇用関係がなくなるような場合は，社会保険法では原則として日本の社会保険は脱退しなければならないとされています。しかし，在籍出向の場合には，非居住者であっても日本の社会保険の継続加入が認められており，多くの企業が継続加入しています。

ただし，留守宅手当など日本支給分のみを対象とすると，標準報酬月額が下がり，駐在員の将来の年金受取額が下がってしまう場合があります。また，転籍などで，日本との雇用関係がなくなる場合は，社会保険法では原則として日本の社会保険は資格喪失します。

ポイント

▶ 日本の社会保険の原則として日本の事業所との雇用関係がない非居住者の日本の社会保険加入は不可となります。

▶ 在籍出向で日本親会社との雇用関係が継続している場合は，日本の社会保険に継続加入できます（日本年金機構ホームページより）。

▶ 日本支給給与が下がる場合，標準報酬月額が下がることにより，本人の将来の年金受取額が下がる可能性があります。

▶ 日本と社会保障協定を締結している国へ赴任する場合，要件に該当すれば日本の社会保険加入を継続できます。

▶ 日本の社会保険料の個人負担分は現地では給与として課税されます。

解 説

海外勤務者の社会保険は日本本社との雇用関係が継続している場合は，継続することができることとなっており，要件に該当しない場合は，加入できません。日本の社会保険の資格を喪失してしまうと本人にとっては大きな不利益ですので，多くの企業で海外駐在員の日本の社会保険加入を継続しています。

1　社会保険に継続加入できる場合

加入が継続できる要件は，国内企業と雇用関係があり給与支給がある場合です。その場合，日本親会社で継続して社会保険料を支払うこととなります。ただし，場合によっては標準報酬月額が下がることにより，本人の将来の年金受取額が下がる場合もあります。

2　現地では社会保険料分も給与として課税

なお，社会保険に加入している場合，その社会保険料は日本では所得税の計算上，所得から控除できますが，海外では通常，給与として現地の個人所得税が課税されます。また，中国では会社負担分も課税とする地域もあります。

3　社会保障協定締結国の場合

日本と社会保障協定締結国の場合は，当該規定に従って処理をしていくこととなります。社会保障協定の主な内容は，①短期の派遣であれば本国の社会保険のみに加入する②赴任国で年金に加入していた場合，本国で年金加入期間に通算するというものです。

▌日本の社会保険個人負担分に対する日中の課税範囲の相違イメージ図

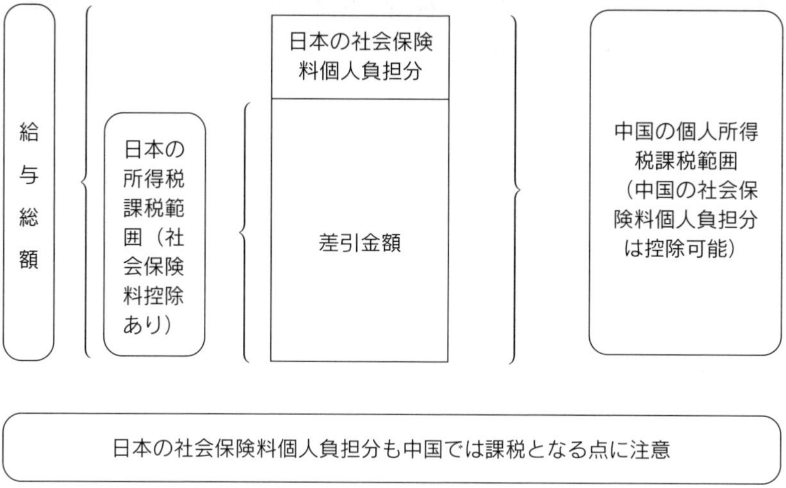

海外出向前

CHAPTER 2

Q28 海外出向予定者が住宅ローン控除の適用を受けている場合（1）

当社の社員Aは，2023年9月30日付で海外子会社であるインドネシア社へ3年間の出向の辞令を受け，10月30日に出国予定です。社員Aは2020年5月に住宅を取得し，住宅ローン控除の適用を受けていましたが，海外出向に際し，この住宅ローン控除の取扱いはどのようになるのでしょうか？　なお，社員Aは家族帯同でインドネシアへ赴任します。

結 論

住宅ローン控除の適用を受けていた社員Aが，海外出向により家族と共にその住宅を居住の用に供しなくなる場合，赴任する2023年度及びインドネシア出向期間中において住宅ローン控除の適用を受けることはできません。しかし，インドネシアからの帰任後に再び住宅ローン控除の適用を受けていた住宅に居住する場合，海外赴任前及び帰任後の年の確定申告等で住宅ローン控除の再適用を受けるための一定の書類を，社員Aの所轄税務署長に提出すれば，当初の住宅ローン控除の残存控除期間内において住宅ローン控除の適用を受けることができます。

ポイント

▶　家族と共に住宅ローン控除の対象となっていた住宅を居住の用に供しなくなった期間は住宅ローン控除の適用はありません。

▶　住宅ローン控除の適用を受けていた住宅について，海外出向からの帰任後に住宅ローン控除の再適用を行う場合，出向前及び出向からの帰任後に住宅の所在する所轄税務署長に一定の書類を提出する必要があります。

▶ 出向期間中に住宅を賃貸の用に供している場合，出向から帰任した年度は住宅ローン控除の適用を受けることはできません。

解 説

1 日本国内法（租税特別措置法）の確認

住宅ローン控除の適用を受けていた者が，家族と共にその住宅を居住の用に供しなくなった場合，その者が居住の用に供しなくなった日の属する年以降，住宅ローン控除の適用を受けることはできません。しかし，次の要件の全てを満たす場合，その住宅を再び居住の用に供した日の属する年（その年において，この住宅を賃貸の用に供していた場合には，その年の翌年以降）以後，住宅ローン控除の残存している控除期間について，住宅ローン控除の再適用を受けることができます（措法41）。

したがって，社員Aは海外出向からの帰任後に再び住宅ローン控除の適用を受けていた住宅に居住する予定であれば，届出書を海外出向前に税務署へ提出し，海外出向からの帰任後にその住宅に再び居住することとなった場合，その年の確定申告書に住宅ローン控除の再適用を受けるための書類を添付することで住宅ローン控除の再適用を受けることができます。

2 住宅ローン控除の再適用を受けるための手続

① 出向前に必要な手続
・転任の命令等により居住しないこととなる旨の届出書
・未使用分の「年末調整のための住宅借入金等特別控除証明書」及び「給与所得者の住宅借入金等特別控除申告書」

② 海外出向から帰任後，最初の確定申告書に添付が必要な書類
・住宅借入金等特別控除額の計算明細書（再適用）

・住宅取得資金に係る借入金の年末残高証明書
・住民票の写し
・給与所得者の場合は，給与所得の源泉徴収票

3　海外出向期間中に住宅を賃貸する場合の留意点

海外出向が決まると，住宅ローンの返済もあり住宅を賃貸することで有効活用を検討するケースも多くあると思われます。海外出向期間中に住宅を賃貸すると，不動産所得が発生するケースでは日本の非居住者となった場合でも所得税の確定申告が必要になります。また，海外出向から帰任した年度は住宅ローン控除の再適用を受けることができません。

4　住宅ローンの適用対象住宅を取得したものの，住宅ローン控除の適用を受けることなく海外出向となった場合の手続

海外出向から帰任した年度（その年において，この住宅を賃貸の用に供していた場合には，その年の翌年以降）以後，住宅ローン控除の残存している控除期間について，住宅ローン控除の適用を受けることができます（措法41）。

上記の場合，海外出向前に必要な手続はなく，海外出向から帰任後に再び居住の用に供した日の属する年以後，適用する最初の年の確定申告書に①住宅借入金等特別控除額の計算明細書（再び居住の用に供した方用），②特定事由（例：海外出向指示により）によりその家屋を居住の用に供さなくなったことを明らかにする書類を確定申告書に添付します。

海外出向前

Q29 海外出向予定者が住宅ローン控除の適用を受けている場合（2）

CHAPTER 2

Q28の住宅ローン控除の適用を受けていた社員Aのインドネシア社への3年間の出向ですが，社員Aは家族帯同せず単身でインドネシアへ赴任する場合，住宅ローン控除適用の取扱いはどのようになるのでしょうか？

結 論

住宅ローン控除の適用を受けていた社員Aが，海外出向により単身赴任しその住宅を居住の用に供しなくなる場合でも，社員Aの家族が引き続きその住宅に居住し，社員Aもインドネシアへの出向帰任後は引き続きその住宅に居住することとなる場合，社員Aは住宅ローン控除の適用を受けることができます。したがって，Q28のインドネシアへ出向する2023年の12月31日において，社員Aは住宅に居住していませんが，住宅ローン控除の適用を受けることができます。住宅ローン控除適用のためには確定申告が必要となりますので，社員Aは納税管理人を定め，その納税管理人を通じて確定申告を行います。

ポイント

▶ 海外出向の辞令により海外へ単身赴任することとなる場合，その親族が引き続きその住宅に居住し，海外赴任した者が出向終了後に再びその住宅に居住することと認められるときは，その者が引き続き居住しているものと取り扱われ，住宅ローン控除の適用を受けることができます。

▶ 住宅ローン控除の適用を受けるためには，日本に納税管理人を定め，その納税管理人を通じて確定申告を行う必要があります。

▶ 海外出向した年度の翌年度以降においては，日本国内に不動産所得など日本国内源泉の所得がないと住宅ローン控除を適用しても税額控除する所得税額がないことになります。

解 説

1 日本国内法（租税特別措置法）の確認

住宅ローン控除の適用を受けていた者が，転勤その他やむを得ない事情により，配偶者その他生計を一にする親族と日常の起居を共にしない場合において，その住宅にこれらの親族が入居し，その後も引き続き居住しており，そのやむを得ない事情が解消した後はその住宅の所有者が共にその住宅に居住すると認められるときは，その住宅に所有者が入居し，その後も引き続きその住宅の所有者が居住しているものとして取り扱われ，住宅ローン控除の適用を受けることができます（措通 41-1，41-2）。

したがって，社員 A はインドネシアへ出向した年度の 12 月 31 日において，所得税法上の居住者には該当しませんが，住宅ローン控除の適用により，出向前の居住者であった期間の給与所得及びその他国内源泉所得について課される所得税から税額控除を受けることができます。

2 住宅ローン控除の適用を受けるための手続

社員 A は納税管理人を定め（社員 A は住宅の所在地の所轄税務署長に対して所得税の納税管理人の届出書を提出），その納税管理人を通じて 2023 年度の確定申告を行い，住宅ローン控除の適用を受けます（通法 117 ②）。

3 海外出向の翌年度以降の確定申告

上記 1 の要件を満たせば，社員 A は 2023 年度確定申告で住宅ローン控除の適用を受けることができます。しかし，2024 年度以降においては社員 A に不動産所得など確定申告を要する日本国内源泉所得がない場合は，日本で納付する所得税がないため，そもそも住宅ローン控除の適用を受ける必要もなくなります。

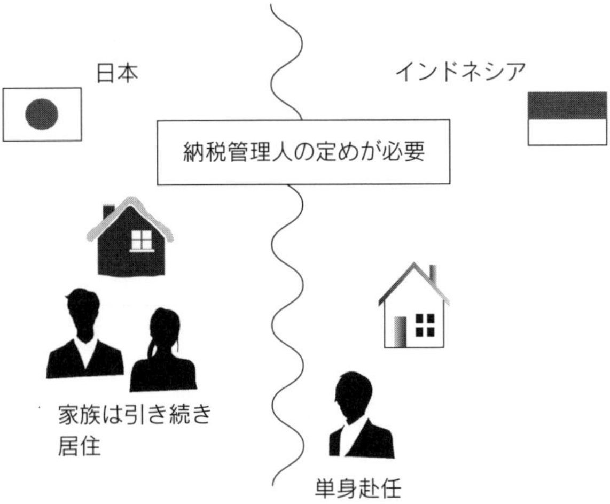

海外出向前

Q30 海外出向予定者と国外転出時課税（1）

CHAPTER 2

2023年10月から当社の社員Aの米国子会社への駐在が5年間の予定で決定しました。2015年7月以降，有価証券等の保有残高が1億円以上の者が日本国外へ転出する場合は，国外転出時課税の対象になると聞いています。米国駐在予定の社員Aに対して当社は事前にどこまで案内しておくべきでしょうか？

結論

海外へ駐在員を派遣する場合，派遣予定者が有価証券を1億円以上保有していると，日本国外転出の時点でその保有している有価証券を譲渡したものとみなして未実現の含み益に対して15.315％の税率で所得税が課されます。また，有価証券を1億円以上保有していた者から海外駐在者が相続又は贈与により有価証券を取得することとなる場合も，その相続又は贈与のあった時点で有価証券を譲渡したものとみなして未実現の含み益に対して所得税が課されます。

これらの含み益に対する課税について納税を猶予する制度もありますが，日本国外への転出前に納税管理人の選任，納税を猶予された所得税相当額の担保の提供などが要求されます。

会社としては，下記で説明する国外転出時課税の基本的な内容と納税猶予制度を海外駐在予定者にあらかじめ案内しておけばいいのではないでしょうか。

ポイント

▶ 国外転出時課税の納税義務者は，その保有する対象資産（有価証券など）の国外転出の時点（又は相続若しくは贈与の時点）における時価が1億円以上である者で，過去10年の間に日本に居住していた期間の合計が5年超である者となります。

▶　対象資産を日本国外への転出時（相続又は贈与の時点）において時価で譲渡したものとみなして，未実現の利益に対して15.315％の税率（株式の場合）で所得税が課されます。

▶　未実現の利益に対する納税を猶予する納税猶予制度があり，海外転出から最大10年間，納税が猶予されます。当該期間内に日本へ帰任すると納税の猶予が確定します。

解説

1　国外転出時課税の基本的内容（所法60の2，60の3）

(1) 概要

国外転出時課税の納税義務者は，次の二つ要件を満たす個人が日本国外へ転出する場合と，これらの個人から非居住者（例：海外駐在員）へ有価証券などの対象資産が相続，贈与等により移転する場合に，その出国する時点又は相続若しくは贈与する時点において対象資産を時価で売却したものとみなして，15.315％の税率で所得税を課する制度です。

・保有する有価証券，新株予約権，匿名組合の出資持分及び未決済デリバティブ取引などの対象資産の時価が1億円以上（譲渡について制限が解除されていない譲渡制限付株式や権利行使をしていない新株予約権は除外）
・国外転出の日前10年以内に日本に住所等を有していた期間の合計期間が5年超

なお，日本国外への転出等に伴い国外転出時課税が課されたものの，その後，5年（申請により延長を受けている場合は10年）以内に，対象資産を引き続き所有したまま日本へ帰国した場合や贈与により対象資産を日本の居住者へ移転した場合等は，これらに該当することとなった日から４カ月以内に更正の請求を行うことにより，当初の課税を取り消すことができます（所法153の2）。

また，国外転出時課税の申告・納付期限は，納税管理人の届出を行っている場合は出国の年の翌年の確定申告期限（3月15日），届出を行っていない場合は出国の時までが申告・納付の期限となります（所法2四十二，120，127）。

(2) 譲渡収入金額の計算

国外転出時課税の納税義務者に該当する場合，後述する納税猶予制度の適用の有無に関わらず，時価で有価証券等を譲渡したものとして譲渡収入を計算しますが，時価を認識する時点は納税管理人を選任するか否かで異なります。具体的には，納税管理人を選任する場合は日本国外への転出時の時価，納税管理人を選任しない場合は日本国外への転出予定日の３カ月前の日における時価を算定することになります（所法60の2①）。

(3) 納税猶予制度（所法137の2）

国外転出課税の対象となった場合，一定の手続を行うことで，上記(2)で計算した譲渡収入金額による未実現利益に対する所得税の納税の猶予を５年間（申請により10年間）受けることができます。

2　納税猶予制度の手続

(1) 納税管理人の選任・届出

納税猶予を適用する場合，国外転出する前に納税管理人（国内に住所又は事務所を有する個人又は法人）を税務署へ届け出る必要があります。納税管理人の届け出を行わないまま，日本の国外へ転出してしまうと納税猶予の制度の適用を受けることができなくなってしまいます。

(2) 納税が猶予される所得税相当額の担保の提供

納税猶予の適用を受けようとする場合，海外転出の翌年の確定申告期限までに猶予される所得税相当額の担保を税務署へ提供する必要があります。提供する担保は国税通則法に定める国債，地方債，一定の有価証券，土地・建物及び金銭となります。

例えば，上場有価証券を担保とする場合は，税務署が指定する証券会社に担保提供者の口座を開設して，その証券会社に対して税務署から指示があれば担保提供者の口座から税務署長口座へ振替を行うように指図しておきます。

(3) 確定申告書に納税猶予を受けようとする旨を記載

国外転出した年の確定申告書の提出期限（翌年の3月15日）までに，確定申告書に納税猶予の適用を受けようとする旨を記載します。

(4) 継続適用届出書の提出（所法137の2）

納税猶予制度の適用を受ける場合，納税が猶予される期間の間，毎年の確定申告の期限（3月15日）までに出国時点の有価証券の保有状況を記載した継続適用届出書を税務署へ提出する必要があります（宥恕規定あり）。

届出書の提出が提出期限までになかった場合，その提出期限の翌日から4月を経過する日の7月15日に納税猶予の期限が到来することとなります。すなわち，7月15日までに猶予された所得税を支払う必要があるので，納税管理人の選任には注意が必要となります。

海外出向前

Q31　海外出向予定者と国外転出時課税（2）

CHAPTER 2

Q30 のように国外転出時課税の対象資産を保有している者が納税猶予の適用を受けようとする場合，担保の提供や納税猶予期間中の継続適用届出書の提出など，適用を受けるための手続が煩雑になりそうで納税猶予の適用を受けることを躊躇するのではないかと思います。納税猶予の適用を受ける場合のメリット，デメリットについて教えてください。

結 論

納税猶予の適用を受ける場合のデメリットは，

① 担保の提供

② 納税猶予期間中の毎年の継続適用届出書の提出

③ 納税猶予期間中に対象資産を譲渡した場合に納税猶予されていた期間に対応する利子税が付加されること

が挙げられます。

一方，メリットとしては，

① 納税期間中に対象資産を譲渡した場合の時価下落時の更正の請求及び外国所得税に係る二重課税排除の更正の請求

② 納税猶予期間中に日本へ帰国した場合の課税の取り消しの期間が 10 年まで延長が可能

③ 海外への転出時に国外転出時課税の本税の納付が不要

といった点が挙げられます。

ポイント

▶ 納税猶予の適用を受ける場合のデメリット

・担保の提供

・利子税の負担

・納税の猶予期間中の毎年の継続適用届出書の提出

以上のような，事務手続の負担と煩雑さがデメリットとなります。

▶ 納税猶予の適用を受ける場合のメリット

・海外転出時の国外転出課税の納付が不要

・納税猶予期間中に対象資産を譲渡した場合において，譲渡時の時価が下落している場合に更正の請求が可能

・納税猶予期間中に対象資産を譲渡した場合において，外国所得税が課された場合，更正の請求により外国税額控除が可能

・納税猶予期間中に対象資産を譲渡した場合において，譲渡時の時価が上昇していても，出国時の時価で税額が確定している

・納税猶予期間に対象資産を譲渡せずに日本へ帰国した場合の課税の取り消しが認められる期間が10年に延長が可能

解 説

納税猶予制度の選択の有利・不利の検討

① 国外転出時課税の納税義務者は納税猶予制度の適用を受けない限り，その保有する有価証券等について，日本国外への転出時において時価にて譲渡したものとみなして，譲渡所得（申告分離課税）を計算し，納税する必要があります。海外出国から5年以内に転出前に保有していた有価証券等を譲渡することなく日本へ帰国した場合は更正の請求により，当初の課税を取り消すことができます（所法60の2）。

これが，納税猶予制度の適用を受けている場合は，申請により10年まで延長が可能となります。

したがって，確実に5年以内に帰国することが予定されている場合は，納税猶予制度を選択する必要は少なくなるといえます。

② 納税猶予期間中に対象有価証券等を譲渡し，その譲渡に係る所得について居住地国で外国所得税が課された場合は，国外転出時課税制度における日本の当初の所得税の額から外国税額控除の制度を適用して再計算することができます（所法95）。

これは，外国所得税を納付することとなる日から4カ月以内に更正の請求を行うことで可能となります。

③ 納税猶予期間中に対象有価証券等を譲渡した場合，その譲渡の価額が海外転出時の当初申告時の時価を下回る時は，譲渡を行った日から4カ月以内に更正の請求を行うことで，その譲渡時の価額で所得の額を再計算し，当初申告の所得税の額を減額することができます。他方，その譲渡の価額が当初申告時の価額を上回っていたとしても，当初の申告時の価額を修正する必要はありません（所法60の2）。

上記のとおり，納税猶予制度を適用した場合の有利な点を鑑みると，積極的にこれを検討する余地があるといえます。

④ 納税猶予制度を適用する場合，海外への出国前に納税管理人の届出を行い，海外出国年の確定申告の申告期限までに担保を税務署へ提供する必要があります。

⑤ 納税猶予期間中は，毎年，継続適用届出書を各年の確定申告期限までに税務署へ提出しなければなりません。

⑥ 納税猶予の適用を受けて，課税の取り消しを受けることなく，海外出国時の当初申告の所得税を支払う場合，併せて利子税（2023年は年1.6％）も支払う必要があります。

納税猶予制度の適用を受けると，その適用を受けるための事務負担及び煩雑さ，そして納税猶予期間中に対象資産の有価証券等を売却した場合に，所得税本税のほかに利子税が付加される事が不利な点といえます。

しかしながら，出国から5年以内に日本へ帰国することがわかっている場合を除き，一般的には納税猶予制度を適用するのが有利といえそうです。

納税猶予制度選択のメリット・デメリット

選択のメリット	選択のデメリット
(1) 海外転出時の税金の納付が不要	(1) 担保の提供
(2) 猶予期間中に対象資産を譲渡した場合において，譲渡時の時価が下落している場合に更正の請求が可能	(2) 利子税の負担
(3) 猶予期間中に対象資産を譲渡した場合において，外国所得税が課された場合に更正の請求が可能	(3) 納税の猶予期間中の毎年の継続適用届出書の提出
(4) 猶予期間中に対象資産を譲渡した場合において，譲渡時の時価が上昇していても，出国時の時価で税額が確定	
(5) 猶予期間中に対象資産を譲渡せずに帰国した場合の課税の取り消しが認められる期間が10年に延長が可能	

海外出向前

Q32 海外出向予定者と国外転出時課税（3）

CHAPTER 2

Q30 のケースで，社員 A は海外転出前に対象有価証券等を 1 億円以上保有しており，国外転出時課税の対象となるため，納税猶予の適用を受けようと考えています。

これに伴い保有している上場有価証券を納税猶予の担保として提供しようと考えていますが，どのような手続が必要なのか教えてください。

結 論

国外転出時課税制度の納税猶予の特例の適用を受けるための担保として提供できる財産は，不動産，国債・地方債，税務署長が確実と認める有価証券，税務署長が確実と認める保証人の保証など（国税通則法第 50 条に掲げる財産）が挙げられ，このうち上場有価証券を担保として提供する場合，税務署が指定する証券会社に口座を開設する必要があります。

上場株式を担保にするための手続としては，担保にするために質権を設定する株式（納税猶予に係る所得税額と納税猶予期限までの利子税額の合計額に見合う価額）を，現在保有している口座から，税務署が指定する口座へ振替を行います。また，税務署から指示があれば，証券会社に対して当該口座から税務署長を口座（質権欄）へ振替を行うように指示します。なお，担保提供に関する書類は，各担保財産に共通な書類として①担保提供書，②担保目録，が挙げられ，上場株式の固有の書類として上場株式の所有者の振替口座簿の写しが挙げられます。

したがって，納税猶予の適用を受けようとする場合には，これらの手続を所得税の確定申告期限までに完了させて，書類を準備しておくことが肝要となります。

ポイント

▶　担保として提供できる財産には，不動産，国債・地方債，税務署長が確実と認める有価証券，税務署長が確実と認める保証人の保証などが挙げられます。

▶　税務署長が確実と認める有価証券とするために，税務署が指定する証券会社に口座を開設して，当該口座に納税猶予に係る所得税額と納税猶予期限までの利子税額の合計額に見合う価額の上場株式の振替を行い，税務署から指示があれば，証券会社に対して当該口座から税務署長の口座（質権欄）へ振替を行うように指示します。

▶　担保提供書，担保目録及び上場株式の所有者の振替口座簿の写しを納税猶予の適用を受けようとする場合には，所得税の確定申告書に添付します。

解説

1　国外転出時課税制度の納税猶予の特例を受けるための担保として提供できる財産

以下のものなどが挙げられます（国税通則法第 50 条に掲げる財産）。

①　不動産

②　国債・地方債

③　税務署長が確実と認める有価証券

④　税務署長が確実と認める保証人の保証

2　税務署長が確実と認める有価証券

上場株式及び未上場株式について担保として提供しようとする場合，税務署長が確実と認めるためには，次のような手続が必要となります。

①　上場株式等（振替株式等）を担保提供する場合には，税務署が指定する証

券会社に口座を開設する必要があります。既に税務署が指定する証券会社に担保設定が可能な口座をお持ちの場合には，新たに口座開設をする必要はありません。なお「振替株式等」とは「社債，株式等の振替に関する法律」(平成13年法律第75号）第2条第1項第12号から第21号まで（定義）に掲げる社債等で同条第2項に規定する振替機関が取り扱うものをいいます。

なお，税務署が指定する証券会社は下記の5つの証券会社になります。

・SMBC日興証券株式会社

・大和証券株式会社

・野村證券株式会社

・みずほ証券株式会社

・三菱UFJモルガン・スタンレー証券株式会社

また，担保にするために質権を設定する株式（納税猶予に係る所得税額と納税猶予期限までの利子税額の合計額に見合う価額）を，現在保有している口座から，税務署が指定する口座へ振替を行います。そして，税務署から指示があれば，証券会社に対して当該口座から税務署長の口座（質権欄）へ振替を行うように指示します。

なお，必要担保額の算定は次のとおり，計算します。

必要担保額≧納税猶予にかかる所得税額(本税)＋納税猶予期限までの利子税額

必要担保額を算定するにあたっての納税猶予期限までの利子税額とは，法定申告期限から国外転出時制度の適用を受ける方の国外転出の時，贈与の時又は相続開始の時から5年4カ月（納税猶予期限の延長をしている場合は10年4カ月）を経過する日までに相当する期間を対象期間として計算した金額となります。

② 未上場株式を担保提供する場合には，次の（a）又は（b）のいずれかに該当する必要があります。

(a) 財産のほとんどが非上場株式であり，かつ，その株式以外に所得税に係る納税猶予の担保として適当な財産がないと認められること。

(b)　非上場株式以外にも財産があるが，その財産が他の債務の担保となっており，納税猶予の担保として提供することが適当ではないと認められること。

上記（a）又は（b）のいずれかに該当しても，税務署長が確実と認めるためには，次に掲げる点に留意する必要があります。

・株式の発行がなされていない場合には，会社に対して株券の発行を請求する必要。

・譲渡制限が付されている場合には，譲渡について取締役会の承認を受けるなど譲渡可能としたことを証する議事録の写しを税務署に提出する必要。

3　担保に関する書類について

①　担保提供に関する各担保財産共通の書類として，担保提供書と担保目録を準備します。

②　各担保財産固有の書類として，次に掲げるものが挙げられます。

・上場株式等：上場株式の所有者の振替口座簿の写し

・未上場株式：供託書正本（※1）と議事録の写し（※2）

※1　納税猶予に該当する場合には，速やかに供託手続を行う必要があり，また参考として株券（写）を担保提供書に添付する必要もあります。

※2　譲渡制限が付されている場合には，譲渡について株式総会の決議又は取締役会の承認を受けるなど譲渡可能としたことを証する議事録の写しを提出する必要があります。

不動産及び法人の保証を担保提供する場合の手続については，国税庁が公表している「国外転出時課税制度（FAQ)」が参考となります。これら以外の財産を担保として提供しようとする場合には，「相続税・贈与税の延納の手引き」の担保の提供手続等一覧を参考とします。

4　その他の留意点

税制適格ストックオプションの権利行使で取得した株式を担保財産として提供する場合，次の事項について留意する必要があります。

なぜなら，税制適格ストックオプションの権利付与契約の要件の一つに，権利行使により取得する株式は，その株式会社と証券会社等との間であらかじめ締結される取決めにより，その株式会社から証券会社等に直接引渡され，その営業所等の専用の口座に保管の委託等がされることが必要とされており，権利行使により取得した株式を当該専用の口座から別の口座に移管した場合には，保管口座を移管したことによるみなし譲渡課税の対象となるからです（措法29の2④）。

ただし，一定の取決めに従い，引き続き金融商品取引業者等の振替口座簿に記載若しくは記録を受け，又は金融商品取引業者等の営業所等に保管の委託等がなされている場合を除くと規定されているものの，こうした振替口座簿への記載等がなく株式の保管口座の移管がなされた場合，当該移管した株式について譲渡損益を計算して確定申告する必要が生じます。

海外出向前

Q33　海外出向予定者と国外転出時課税（4）

CHAPTER 2

Q30 のケースで，社員 A は海外転出前に対象有価証券等を 1 億円以上保有していませんでしたが，海外駐在中に A の父親に相続が発生しました。社員 A の父親は海外転出時課税の対象資産である有価証券を 1 億円以上保有し，社員 A がこの有価証券を相続することとなった場合の税務上の取扱いを教えてください。なお，社員 A の父親は海外に財産を保有していません。

結 論

相続税法上，社員 A は日本の無制限納税義務者に該当し，その相続する財産について相続税を支払う必要があります。他方，所得税法上，日本の居住者が有していた一定額以上の有価証券等が贈与，相続及び遺贈（以下，「贈与等」という）により，非居住者に移転した場合，その贈与等の時の時価にて譲渡を行ったものとして，被相続人の準確定申告で所得税を支払う必要があります。

したがって，社員 A が国外転出時課税の対象資産である有価証券等を相続しない旨が遺産分割協議書等で明らかになっている場合を除き，被相続人の準確定申告で上記の含み益について所得税を支払う必要があります。なお，社員 A の被相続人は米国に財産を保有していないため米国遺産税の納税義務者に該当しませんが，相続により社員 A が外国（日本）で一定規模以上の残高のある金融口座等を保有することとなった場合は，国外財産の情報開示のための Form8938 を提出する必要があります。

ポイント

① 日本の居住者が有する有価証券等が贈与等により非居住者に移転した場合，その贈与等の時の時価において譲渡を行ったものとみなして課税を行います。

② 上記①の居住者とは，その保有する有価証券等の時価が1億円以上の方が対象となります。

③ 上記①の申告期限について，贈与による場合は贈与税の申告期限である翌年の3月15日，相続による場合は準確定申告の申告期限である相続発生の日から4カ月以内となります。

④ 相続による場合，相続財産の分割が未分割であっても非居住者の法定相続分相当額を基にみなし譲渡益を計算し，申告・納付する必要があります。

⑤ 納税猶予制度の適用，上記④の納税後，その他5年以内に日本へ帰国した場合の課税の取り消しなどQ31の解説と同様の取扱いとなります。

解説

1 贈与等により非居住者へ有価証券等が移転した場合

① 国外転出時課税の納税義務者は，その保有する対象資産である有価証券の合計額が1億円以上の個人が日本国外へ転出する場合と，これらの個人から非居住者（例：海外駐在員）へ有価証券などの対象資産が相続，贈与等により移転する場合に，その出国する時点又は相続若しくは贈与する時点において対象資産を時価で売却したものとみなして，15.315％（株式の場合）の税率で所得税の課税を受けます。

社員Aの海外駐在中に相続が発生し，被相続人が有価証券等を1億円以上保有していた場合，被相続人は国外転出時課税の納税義務者となり，相続人は相続開始があったことを知った日の翌日から4カ月以内にその年の各種所得に国外転出時課税の適用による所得を含めて，被相続人の準確定申告及び納税を行う必要があります（所法 60 の 3，125，129）。

② 相続発生から 4 カ月以内という短い期間に納税猶予制度を適用するか，納税猶予制度を適用せずに，いったん申告及び納税を行うかの検討を行う必要があります。相続財産が未分割で非居住者が対象資産である有価証券等を相続するかどうか不明な場合においても，特に法令上，手当がなされていないため，上記①のとおり，相続人が準確定申告を期限内に行わなくてはなりません。

③ 納税猶予の適用を受ける場合，Q30 の解説の手続と異なる点は，相続人が連署により一の書面で納税猶予の適用を受ける旨の届出書及び納税猶予期間中の毎年の継続適用届出書を提出する必要があるということです（所令 266 の 3）。

対象資産である有価証券等を相続したかどうか，居住者であるか非居住者であるかを問わず，原則として相続人の連署により届出書を作成・提出することとなるので相続人が複数にのぼる場合は事務負担が増すことになります。

Column10 国外転出時課税制度と日本出国後の税務上の留意点

国外転出時課税制度によりみなし譲渡課税を受けて出国した場合や納税猶予制度の適用を受けてみなし譲渡課税を受けずに出国した場合も，日本出国後に実際に株式を売却した場合，実際に株式を売却した時点の価額を譲渡対価として日本で課税を受けるケースがあります。

これは，わが国における非居住者に対する課税（株式譲渡関連）で事業譲渡類似株式と不動産関連法人株式の譲渡により生ずる所得は，日本の国内源泉所得として 15.315 %の税率による申告分離課税の対象となることが挙げられます。

具体的には，みなし譲渡課税を受けて納税して出国した者が実際に株式を譲渡した場合，その譲渡の時の価格とみなし譲渡時の価額との差額である株式の価値増加分に対して課税を受け，納税猶予制度の適用を受けた者が，猶予期間中に実際に株式を譲渡すると，猶予された課税が生じると同時にその譲渡の時の価格とみなし譲渡時の価額との差額について新たに課税が生じることになります。みなし譲渡に係る株式の譲渡価額が日本出国後の取得価額にステップアップします。

もっとも，日本を出国した者の居住地と日本との間で締結した租税条約若しくは協定に異なる定めがある場合には，日本で課税を受けないケースもありますが，米国，英国，スイス，イタリア，ドイツ，ベルギー，香港，ブラジル及びフィリピンなどの国に限定され，居住地国でも課税を受けない国はスイスに限られます（スイス現地でも居住する州により異なります）。

このほか，国外転出時課税の納税猶予制度の特例の適用を受けて非居住者となっている期間は，相続税・贈与税の納税義務者の規定における10年の縛りについて，日本の居住者であったとみなされるので注意が必要です。

Q34　中国の個人所得税優遇措置の延長等

CHAPTER 2

中国の個人所得税について，2023 年 8 月に優遇措置の延長等が発表されたと聞きました。

それはどういうものでしょうか？　また，控除額の増加も発表になったそうですが，どういうものでしょうか？　また，2023 年 8 月の発表ですが，いつから適用になるのでしょうか？

結 論

2019 年の個人所得税改正時に暫定的に 2023 年までの措置として残された年 1 回性賞与に対する優遇計算や外国人に対する優遇措置（外国人社宅の免税等）が，2027 年まで延長されることになりました。また，ご指摘のとおり優遇の延長のほか，新たに毎月の所得控除の額が増額されることになりましたが，こちらは 2023 年 1 月 1 日から遡及適用されます。ゆえに，過大徴収となっていた個人所得税については改正後の 8 月以降の給与で調整されることになります。

解 説

2023 年 8 月末に立て続けに中国の税金について，減税（優遇措置の延長と所得控除の増加）が発表になっており，これらは 2023 年 1 月から適用されます。

1　優遇措置の延長 2027 年 12 月末日まで延長（個人所得税）

まず，年に 1 回性賞与の優遇が無事延長されました。これは改正前の旧個人所得税法からある中国の春節等に年 1 回支給する性質の賞与について，年額での税額計算となった新個人所得税法でも適用税率を優遇（税率表のうち，賞与金額を12で除した金額に相当する税率を適用）するというもので，理論的には廃止もあり得るという性質のものでしたが，引き続き延長となりました。

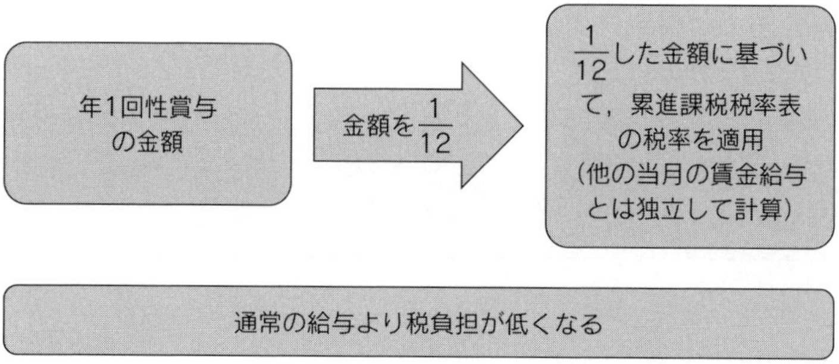

また，外国人の社宅，子女教育費の免税も延長となりました。駐在員用の社宅が課税になりますと，かなりの税負担ですので中国在住の外国人駐在員も一安心といったところです。

2　新たな減税　個人所得税　専項付加控除（所得控除）の増額

また，優遇の延長以外に純粋な減税も発表されています。個人所得税の所得控除のうち，子女教育費控除が月額1,000元から月額2,000元へ，3歳以下の子供の育児控除が月額1,000元から2,000元へ，老人扶養控除が月額2,000元から3,000元へ増額となりました。

3　全部1月1日から遡及適用

上記は2023年1月1日からの適用ですので，遡及適用となります。個人所得税などが改正により過大徴収となった場合，次回の給与の源泉徴収で調整されることとなります。

海外出向前

Q35 日本法人の役員が役員の資格を有したまま海外出向する場合の留意点

CHAPTER 2

当社の海外営業担当の取締役であるＡ氏は当社の役員の資格を有したまま2023年12月から３年間の予定で米国へ赴任し，現地子会社の代表取締役を兼任することになりました。Ａ氏の米国赴任中も当社から役員給与を支給する予定です。税務上の留意点を教えてください。

結論

当社がＡ氏に支給する役員給与は日本の税務上，日本国内源泉所得に該当します。米国赴任後のＡ氏は米国の居住者に該当するものの，日米租税条約では日本の法人の取締役会の構成員の資格で取得する報酬に対して日本における課税を認めており，当社は，所得税法上，非居住者であるＡ氏に対する役員給与の支払時に20.42％の所得税を徴収する必要があります。

なお，Ａ氏は米国居住者であることから当社から支給を受ける役員給与は米国で所得税申告の対象となり，日本で徴収された20.42％の税額は米国の所得税申告時に外国税額控除の適用を受けることで二重課税の排除が可能となります。

ポイント

▶ 日本の法人が支払う役員給与は，日本の税務上，日本国内源泉所得に該当します。

▶ 日米租税条約第15条（役員報酬）で，米国の居住者が日本の法人の取締役会の構成員の資格で受け取る報酬については，日本で課税することができる旨を規定しています。

▶ 日米租税条約第23条（二重課税の排除）の規定に従って，上記で課された日本の租税の額は，米国の外国税額控除の適用を受けることができます。

解 説

1 日本国内源泉所得（所法161①十二）

(1) 国内源泉所得の範囲

海外に1年以上の予定で勤務する給与所得者は，一般的には日本国内に住所を有しない者と推定され，所得税法上の非居住者になります。

非居住者が受け取る給与は，その勤務が日本国内において行われない限り，日本の法人から支払われていても，日本の所得税は課税されません。しかし，日本の法人の役員を兼務する場合には取扱いが異なり，その勤務が日本国外において行われるものであっても，日本の国内源泉所得として，その給与の支払時に20.42％の税率で所得税の源泉徴収を要します（所法164)。

(2) 租税条約に異なる定めがある場合の国内源泉所得（所法162）

給与及び役員の報酬に対する課税の取扱いについては，日本は多数の国と租税条約を締結しており，その租税条約に異なる取扱いが規定されているときは，その取扱いが優先されます。

2 日米租税条約

(1) 第15条（役員報酬）

2019年8月に日米政府間で日米租税条約に関する議定書が発効し，第15条（役員報酬）も次のとおり改正されました。

日米租税条約第15条新旧対照表

改正前	改正後
一方の締約国の居住者が他方の締約国の居住者である法人の役員の資格で取得する役員報酬その他これに類する支払金に対しては，その他方の締約国において租税を課することができる。	一方の締約国の居住者が他方の締約国の居住者である法人の取締役会の構成員の資格で取得する役員報酬その他これに類する支払金に対しては，その他方の締約国において租税を課することができる。

したがって，当社の取締役として支給を受ける給与は，その勤務が米国国内において行われていても，日本国内源泉所得として20.42％の税率で所得税の課税を受けることになります。

なお，役員の定義について日米租税条約に定めがないため，改正前は日米の各々の国内法に従うことになり，日本においては国内法により取締役，執行役，監査役等及び法人税法上のみなし役員も含まれることとされていました。一方，米国において取締役は株主によって選任されたBoard Memberという位置付けで，今回の改正は，英文に改正はなく，日本語版のみ改正されています。日本語版の改正で法人税法上のみなし役員を排除し，米国国内法と整合的なものとするために，この役員報酬の規定は「取締役会の構成員」に限定して適用されることになりました。

(2)　第23条（二重課税の排除）

日米租税条約第23条第2項で，米国居住者又は米国市民に対して租税条約の規定に従い課される日本の租税の額で，米国の法令に従い米国の総所得の項目とされる所得は，日本国内に源泉があるものとみなして，米国における外国税額控除の適用を受けることができると規定しています。

つまり，米国で勤務している取締役が取得する日本の法人から支給を受ける役員給与は，日米租税条約によって日本で20.42％の税率で所得税が課されるものの，その所得税の額は，米国で所得税申告を行うときに外国税額控除の適用を受けることができます。

3　みなし役員の課税関係の留意点

第 15 条（役員報酬）の日本語の改正を受け，法人の使用人以外の者でその会社の経営に従事している者として役員の範囲に含まれている者（みなし役員（法法 2，法令 7，71））が米国で勤務しているケースにあっては，改正後は当社が給与を支払っても，その給与が取締役会の構成員の資格で取得する報酬に該当しなければ，日本において課税が生じることはありません。みなし役員に対する報酬は，日米租税条約において第 15 条でなく第 14 条（給与所得）の規定の適用を受けることになるからです。

海外出向前

Q36 日本親会社の役員が海外現地法人の役員などを兼務する場合の留意点

CHAPTER 2

このたび，日本親会社の役員を中国に駐在員として赴任させることになりました。中国に駐在しますので，日本では非居住者になりますが，役員報酬の場合は，日本で 20.42 %の所得税が課税されることとなると思います。ただし，日中租税条約第 16 条に「一方の締約国の居住者が，他方の締約国の居住者である資格で取得する役員報酬については，当該他方の国で租税を課することができる」とありますので，役員報酬は本店所在地である日本のみでしか課税されないという理解でよいでしょうか？

結 論

日本では非居住者の役員に対して支給する給与に 20.42 %の所得税源泉徴収が必要とされています。

日中租税条約では双方いずれかの法人の役員の資格として支給を受ける報酬は，その法人の本店所在地での課税を認めています。しかし，居住地での課税が制限されているわけではありませんので，居住国である中国で給与として課税される可能性があります。

ポイント

▶ 非居住者の役員は，日本でも所得税源泉徴収が必要となります。

▶ 中国側でも課税の可能性があります。

▶ 役員と董事，役員報酬と董事報酬の概念に相違があるため，役員報酬が中国側で給与と解釈されがちな要因となっています。

解 説

1　役員給与の源泉徴収（所法 161 ①十二イ，所令 285 ①一）

(1) 非居住者の役員の源泉徴収

非居住者の日本における課税所得の範囲は，原則は国外源泉所得に限定されます。しかし，役員に関しては非居住者であっても国内源泉所得税であるとして，20.42 %の税率で所得税を源泉徴収することとされています（所法 161）。

(2) 使用人兼務役員の場合

使用人兼務役員である場合には，一定の要件に該当した場合，使用人勤務部分については，源泉徴収は必要とされていません（所基通 161－43）。

2　日中租税条約（第 16 条）

役員報酬条項

日中租税条約では本店所在地での課税権が認められていますが，かといって居住地での課税権が制限されているわけではありません。

3　中国での実務

実務上の注意点としては，日中租税条約で本店所在地での課税を謳ってはいますが，居住地国でも課税される可能性があるという点です。また，日本では役員報酬は実質的には給与として高額な報酬を支給するものですが，中国では一般的には董事報酬の支給自体があまり行われません。むしろ，実際の経営実務に携わる責任者は董事ではなく，総経理といったポジションで給与として支給を受けている場合が通常です。ゆえに，日本式の高額な役員報酬は全額が董事費としては認められず給与として解釈される可能性もあります。そういった場合は，管轄の税務局の判断を仰ぐのも一つの方法ですが，そもそも概念の相違がある点は理解しておくべきでしょう。

なお，上記の実務的な解決策として日本の役員の方が駐在員として赴任する場合は，赴任前に役員を退任してから赴任させる方法をとる場合もあります。

▌駐在員が日本親会社役員である場合の課税関係

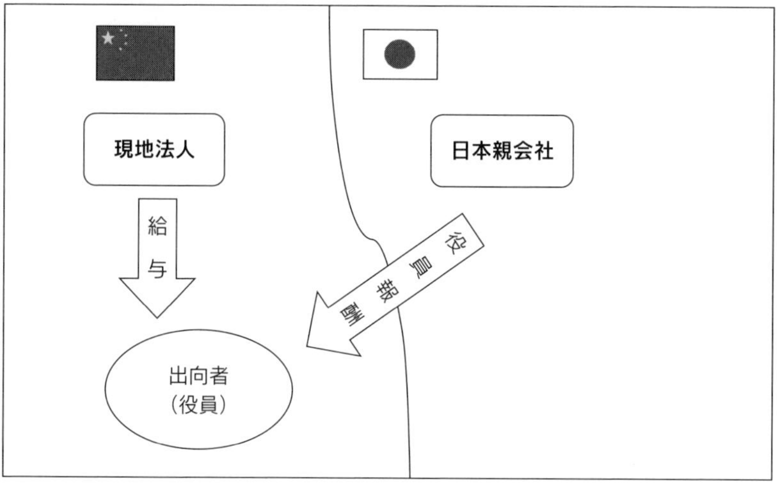

① 出向者は中国で全世界所得課税
② 出向者が役員の場合，日本親会社支給役員報酬には，日本で20.42%の所得税源泉徴収要
③ 実務的な対策として，出向前に役員を退任する場合も

Column 11　日中租税条約（役員＝董事？　各国での概念と翻訳の限界）

日中租税条約は日本，中国両国で定められた条約で，日本語，中国語ともに作成されています。また，英文もあり，双方の言語で解釈に相違がある場合，英文が優先されることとなっています。

役員，董事，director

租税条約は両国の言語で作成され，齟齬がある場合，英語が優先されるとなっています。それでは，役員＝董事＝director なのでしょうか？

日本における役員

日本においては，役員に対する給与は役員報酬という名目で支給されます。また，役員は会社の経営執行を行い，使用人としての職務を兼ねることも少なくありません。

中国における董事

中国における董事は株主会により任命される，いわば出資者に対して責任を負うという組織です（中国会社法 47）。また，実際の経営執行の責任者としては総経理という役職があり，董事会により任命された総経理が実質的に社長のような役割をする会社も多いです。ゆえに，董事が給与を会社から取るケースは少なく，また，董事費という役員報酬に相当するものもありますが，通常はあまり支給せず，また支給したとしても董事会の実費程度しか支給しないのが一般的です。

日本の税法における役員報酬の違和感

一方，外資企業が日本で法人を設立した場合，説明しなければ絶対わからないのが，日本の役員報酬の損金算入に対する各種制限です。ここを説明しておかなければ平気で役員報酬の期中変更や，未払などをやってしまいますので，外資企業を顧客に持つ税理士にとっては初期の段階での必須説明事項となっています。

海外出向前

Q37　米国居住者判定及び日米租税条約

CHAPTER 2

日本からの米国出張により，米国での合計滞在日数が183日を超えた場合には，米国居住者として取り扱われ，米国での納税義務が発生するのでしょうか？

結　論

米国での合計滞在日数が183日を超えた場合には，日米租税条約における短期滞在者免税の適用を受けることができないため，米国で勤務して受け取る給与は米国に申告する必要があります。米国における居住者・非居住者の判定は実質的滞在条件によって行われます。日本・米国双方で居住者となる場合には，日米租税条約により密接な関わりのある方の国の居住者となります。米国居住者となる場合には全世界所得を，米国非居住者となる場合には米国源泉所得を申告する必要があります。

ポイント

▶　183日を超えた場合には，短期滞在者免税の適用を受けることができません。

▶　米国税法上の居住者判定は実質的滞在条件によって判定します。

▶　双方居住者となる場合には，より密接な関わりのある方の国の居住者となります。

解 説

1　米国税法上の居住者判定（実質的滞在条件）

米国税法上，外国人（日本人）は，次の二つの条件を満たした場合には米国税法上の居住者となります。

①　当該年度の滞在日数が累計で 31 日以上であること

②　a,b,c の合計が 183 日以上であること

a　当該年度の滞在日数

b　前年度の滞在日数の 3 分の 1

c　前々年度の滞在日数の 6 分の 1

例えば，2021〜2023 年まで毎年 120 日 3 年間米国に滞在していた場合には，上記②の計算の合計が 180 日となるため，2023 年においては非居住者として扱われることになります。

但し，永住権（グリーンカード），A ビザ（外交・公用），G ビザ（国際機関），J ビザ（交流訪問者），Q ビザ（国際文化交流），F ビザ（学生），M ビザ（職業訓練学生）の各ビザ保持者には実質的滞在条件は適用されないことになっています。永住権保持者は滞在日数に関係なく居住者として扱われ，どこに住んでいようとも全世界所得に対して毎年米国で申告する義務があります。A ビザ，G ビザ，J ビザ，Q ビザ，F ビザ，M ビザ保持者は，実質的滞在条件を免除された除外個人であり，滞在日数が 183 日を超えたとしても，一般的に非居住者となります。除外個人の適用を受けるためには，Form8843 を米国の確定申告期限までに提出する必要があります。

2　日米租税条約第 14 条における短期滞在者免税

日本からの長期出張等により，米国税法上居住者に該当したとしても，日米租税条約第 14 条を適用することで出張期間中に受け取る給与を全て米国にお

いて非課税とする取扱いが認められています。租税条約適用のためには以下の要件を満たす必要があります。

① 日本の税法上日本の居住者であること

② 当該課税年度において開始又は終了するいずれの12カ月の期間においても，報酬の受領者が米国に滞在する期間が合計183日を超えないこと

③ 報酬が米国の居住者でない雇用者又はこれに代わる者から支払われるものであること

④ 報酬が雇用者の米国に有する恒久的施設によって負担されるものでないこと

3 日米租税条約第４条における双方居住者

日本からの長期出張等により，米国税法上居住者に該当し，かつ，1年間の滞在日数が183日を超えてしまった場合には，短期滞在者免税の制度は使えず，また日本の税法上も居住者となっている場合は，二重居住者となります。日米租税条約の第４条の規定により，次の順序でより密接に関わりがある方の国の居住者となります。

① 恒久的住居が所在する国。恒久的住居が双方に有する場合には人的及び経済的関係がより密接な国

② ①で決定できない場合，常用の住居が所在する国

③ ②で決定できない場合，国民である国

④ ③で決定できない場合，両国の権限のある当局の合意により解決

上記により，米国居住者に該当した場合には，全世界所得を米国で申告する必要があります。米国非居者に該当した場合には米国源泉所得（米国勤務中の給与所得）のみ米国で申告する必要があります。

海外出向前

Q38　日米社会保障協定について

CHAPTER 2

日本企業から派遣され米国子会社で勤務することになりましたが，米国の社会保障制度に加入する必要がありますでしょうか？

結　論

日本の企業から短期間（5年以内と見込まれる場合）米国にある企業へ派遣される方は，「適用証明書」の交付を受けることで，日本の年金・医療保険制度にのみ加入することとなります。

派遣期間が5年を超える場合には，原則として，米国の社会保障制度にのみ加入することとなります。

米国の年金制度の加入期間が1年6カ月（6クレジット）以上ある方が，日米両国の年金制度の加入期間を通算して10年以上になる場合は，米国の年金制度から老齢年金を受けることができます。

ポイント

▶　5年以内と見込まれる一時派遣の場合には，日本の社会保障制度のみに加入します。

▶　5年を超えると見込まれる長期派遣の場合には，米国の社会保障制度のみに加入します。

▶　米国の老齢年金受給のためには，米国の年金制度加入期間が1年6カ月以上必要となります。

解 説

1 日米社会保障協定について

2005年10月1日に「社会保障に関する日本国とアメリカ合衆国との間の協定」(日米社会保障協定) が発効されました。発効以前は，日本企業の会社員等が米国へ派遣される場合，日米両国の年金制度及び医療保険制度に加入が義務付けられ，社会保険料の二重払いを余儀なくされていました。また，そうした駐在員等の米国における就労期間が短いために年金の受給に必要な期間を満たさず年金を受給できないとの問題が生じていました。

日米社会保障協定の発効により，社会保険料の二重払いの問題が解消されるとともに，米国での年金加入期間が短くとも日米の年金加入期間を通算して受給に必要な期間を満たす場合には，年金受給を受けることができるようになりました。

2 一時派遣の場合

日本の企業から短期間 (5年以内と見込まれる場合) 米国にある企業へ派遣される方は，「適用証明書」の交付を受けることで，日本の年金・医療保険制度にのみ加入することとなります。被保険者を派遣する事業主は「適用証明書交付申請書」を年金事務所に提出します。「適用証明書」の発行を受けるためには以下の要件 (厚生年金保険・健康保険場合) を満たす必要があります。

① 厚生年金保険の被保険者であること
② 日本の事業所との雇用関係が継続しており，日本の事業所との雇用関係に基づいて派遣されること
③ 派遣が一時的 (5年以内に派遣終了の見込み) であること
④ 派遣直前に6カ月以上継続して日本で雇用され就労していること

派遣期間が予見できない事情により5年を超える場合，申請により米国の

社会保障制度の適用免除を延長することができる可能性があります。

3　長期派遣の場合

日本の企業から長期間（5年を超えると見込まれる場合）米国にある企業へ派遣される方は，米国の社会保障制度に加入しなければなりません。米国で就労して収入を得た場合には，米国で社会保障税として，Social Security Tax 6.2％及びMedicare Tax 1.45％が雇用主及び従業員にそれぞれ課されます。日本側では，事業主が厚生年金保険（及び健康保険）の「資格喪失届」を年金事務所へ提出することで日本での年金・健康保険の支払は不要となります。

4　年金加入期間の通算

米国の年金制度の加入期間が1年6カ月（6クレジット）以上ある方が，日米両国の年金制度の加入期間を通算して10年以上になる場合は，米国の年金制度から退職年金を受けることができます。通算による米国年金の申請は，日本国内においても年金事務所や年金相談センターの窓口で行うことができます。

海外出向前

Q39 日中社会保障協定について

CHAPTER 2

日中社会保障協定が締結されたと聞きましたが，どういった内容でしょうか？
実務的には日本企業はどのように対応をしていますか？

結 論

2019年9月から日中社会保障協定が発効となりました。社会保障協定は，現在日本は20カ国と締結しており，相手国に滞在している自国民について，相互の国の社会保険を一定の条件の下に免除するものです。社会保障協定の対象となる社会保険は，健康保険，年金がありますが，日中社会保障協定で対象となるのは，年金（国民年金，厚生年金，中国側では養老保険）のみとされています。

具体的には，派遣期間が5年以下の駐在員は，本国での適用証明書をもって，中国の管轄の社会保険部門（社会保険管理センター等）に申請をすることによって，養老保険が免除されることとなります。ただし，中国では外国人の社会保険の実務上の適用については地域差があり，上海，大連等の一部都市では，いまだ加入自体が実質的には任意ですので，そもそも社会保険に加入していない場合は，当該手続は不要であることになります。

実務的には，主に外国人の社会保険加入が強制となっている地域で，申請が受け付けられ，日中社会保障協定に基づく徴収の免除が行われています。

ポイント

▶ 2019年9月から日中社会保障協定が発効となりました。

▶　日中社会保障協定が対象としているのは，年金（中国側は養老保険）のみです。

▶　日本の適用証明書をもって，中国の管轄地域の社会保険部門に申請することにより，中国での養老保険加入が免除されることとなります。

▶　上海，大連等の一部都市では，実務上，外国人の社会保険加入が実質的に任意となっていますので，駐在員が中国での社会保険自体に加入していない場合は，日中社会保障協定の適用はありません。

解 説

日本と中国で日中社会保障協定締結され，両国は社会保険協定締結国となりました。現在，日本は20カ国と社会保障協定が発効済みです。社会保障協定の内容は，一定期間以内の相手方の国での居住については，母国での社会保険加入継続を条件として，一時的な居住である相手方の国での社会保険加入を免除しようというものです。

イメージ図

また，免除の対象となる社会保険も健康保険，年金両方対象となるものや，年金のみのものなど，締結国により様々ですが，日中社会保障協定では，年金のみが対象となっています。

中国の社会保険

項目	養老保険	医療保険	労災保険	失業保険	生育保険
社会保障協定による免除対象	○	×	×	×	×

※住宅積立金については，外国人は対象外。

中国での適用を受ける場合の実務的な手続としては，日本の日本年金機構で適用証明書の発行を受け，それを中国の社会保険部門に提出して許可を受けることにより，社会保険の免除を受けることができるようになるというものです。なお，外国人の社会保険徴収が実務的には強制でない地域もあり，また，手続の詳細は地域の運用により異なるため，手続詳細は地域の管轄部門に確認をする必要があります。

海外出向中

Q40 海外出向後に日本国内勤務期間中の給与及び賞与を支給する場合の取扱い

CHAPTER 2

社員Aは米国子会社への出向の辞令を受け，2023年5月30日に出国しました。当社は，1月～6月を計算期間として7月10日に80万円の賞与を支払っております。また，5月分の給与を6月15日に支払っていますが，日本で所得税を源泉徴収する必要はありますか？

なお，5月の給与の計算期間は5月1日から5月30日で，この期間，社員Aはずっと日本国内で勤務していましたが，3月の1カ月の間，米国へ長期出張していました。

結 論

社員Aは日本出国の翌日から，日本の所得税法上，非居住者に該当します。非居住者の課税所得の範囲は国内源泉所得に限定されます。したがって，給与及び賞与のうち，日本国内勤務期間に対応する金額について，20.42％の所得税の源泉徴収が必要となります。

ポイント

▶ 出国後に支給する5月分の給与についても，国内源泉所得に該当するため，日本で所得税を源泉徴収する必要があります。

▶ 社員Aの米国への出向が，5月29日以前である場合，所得税を源泉徴収する必要がない，例外的取扱いがあります。

▶ 7月10日に支給する賞与のうち，国内勤務期間に対応する部分については，国内源泉所得の支払として，20.42％の源泉徴収が必要となります。

解 説

1 給与及び賞与の計算期間が国内及び国外にわたっている場合の原則的取扱

所得税基本通達 161-41 において，「非居住者が国内及び国外の双方にわたって行った勤務又は人的役務の提供に基因して給与又は報酬の支払を受ける場合におけるその給与又は報酬の総額のうち，国内において行った勤務又は人的役務の提供に係る部分の金額は，国内における公演等の回数，収入金額等の状況に照らしその給与又は報酬の総額に対する金額が著しく少額であると認められる場合を除き，次の算式により計算するものとする」

$$\text{給与又は報酬の総額} \times \frac{\text{国内において行った勤務又は人的役務の提供の期間}}{\text{給与又は報酬の総額の計算の基礎となった期間}}$$

として，給与等について期間按分することを定めています。

2 給与に係る例外的取扱い

給与のように計算期間が 1 月以下の支払は，所得税基本通達 212－5 において，「給与等の計算期間の中途において居住者から非居住者となった者に支払うその非居住者となった日以後に支給期の到来する当該計算期間の給与等のうち，当該計算期間が 1 月以下であるものについては，その給与等の全額がその者の国内において行った勤務に対応するものである場合を除き，その総額を国内源泉所得に該当しないものとして差し支えない」と定められています。

したがって，社員 A が給与の計算期間の間に海外出張などを行っている場合，給与の計算期間が 1 カ月以下でその全額が国内において行った勤務に対応しない場合，全額国外源泉所得として取り扱い，源泉徴収を要しないことができます。

3　賞与の計算期間が国内及び国外にわたっている場合の取扱い

賞与は計算期間が 1 カ月超であるため，所得税基本通達 212-5 の適用はありません。そのため，所得税基本通達 161-41 に従い，国内勤務期間に対応する部分を，期間按分して国内源泉所得を算出し，当該国内源泉所得に 20.42 % の源泉徴収をすることとなります。

これを，本ケースに当てはめて計算すると，次のとおりとなります。

800,000 円（賞与）×4 カ月間/6 カ月間＝533,333 円（国内源泉所得）

国内源泉所得 533,300 円×20.42 %＝108,890 円の所得税を源泉徴収することになります。

海外出向中

Q41 海外出向中の各種控除（社会保険控除・生命保険料控除など）の取扱い

CHAPTER 2

社員Ａは米国子会社に出向中（3年の予定）ですが，2023年10月31日に出向が終了し，11月1日に日本へ帰国します。海外出向中も継続して日本の社会保険料，生命保険料，医療費を支払ってきましたが，出向中，帰国後のこれらの支払に対する税務上の取扱いを教えてください。

結 論

社員Ａが日本へ帰国した11月1日以後に支払った日本の社会保険料，生命保険料及び医療費等の額は，所得金額の計算上，所得から控除することができます。しかし，海外出向中に，日本の社会保険料，生命保険料及び日本の医療機関に支払った医療費があったとしても，これを日本の所得金額の計算上，所得から控除することはできません。

ポイント

▶ 海外出向期間中に支払った日本の社会保険料，生命保険料，医療費は日本の所得金額の計算上，考慮されません。なお，出向先の海外現地の所得金額の計算・申告でこれらの支払が考慮されるか否かは現地の国内税法を確認する必要があります。

▶ 11月1日の帰国後に支払う日本の社会保険料，生命保険料，医療費などは，日本の所得金額の計算上，所得から控除できます。

解 説

1 日本国内法（所得税法）・社会保険料控除の確認

所得税法第 74 条の規定では，居住者が各年において，自己又は自己と生計を一にする配偶者その他の親族の負担すべき社会保険料を支払った場合には，所得金額の計算上，所得金額から控除すると規定し，所得から控除できる社会保険料を居住者が支払った社会保険料に限定しています。したがって，非居住者である 11 月 1 日の日本帰国前に支払った社会保険料は所得金額から控除することはできません。

2 日本国内法（所得税法）・生命保険料控除の確認

所得税法第 76 条の規定では，居住者が各年において，新旧生命保険契約等に係る保険料若しくは掛け金を支払った場合には，一定の区分に応じ，所得金額の計算上，所得金額から控除すると規定しています。したがって，非居住者である 11 月 1 日の日本帰国前に支払った生命保険料は所得金額から控除することはできません。

3 日本国内法（所得税法）・医療費控除

所得税法第 73 条の規定では，居住者が各年において，自己又は自己と生計を一にする配偶者その他の親族に係る医療費を支払った場合において，一定の金額（生命保険等で補填される金額を除き，一般的に支出される水準を著しく超えない部分）を所得金額の計算上，所得金額から控除すると規定しています。したがって，非居住者である 11 月 1 日の日本帰国前に支払った医療費は所得金額から控除することはできません。

海外出向中

Q42 過少申告などに対する現地個人所得税のペナルティー

CHAPTER 2

中国現地での個人所得税申告ですが，現地支給分は現地法人の帳簿をみればわかりますが，日本本社支給分は，当局はどのように把握しているのでしょうか？

結 論

日本本社支給分の給与について当局は，会社側の自己申告に基づき把握するのが基本的な方法です。しかし，当局も「外国人駐在員の一般的な給与水準」をデータとして持っているため，申告給与額があまりにその金額と乖離があると，自己申告額について疑義を呈し，より厳格な調査となる可能性があります。また，日本親会社支給給与は，会社が発行する給与明細や給与証明をもとに個人所得税額を計算することになりますが，日本と現地で課税対象となる給与が異なる点もあるため（日本の社会保険料など），明細ベースで，現地税法の給与と合致しているか確認する必要があります。

ポイント

▶ 現地法人支給給与は現地当局も現地法人の帳簿を通じて申告給与との整合性チェックが可能です。

▶ 日本親会社支給額は，会社の自己申告額に基づく金額が基本となります。

▶ 当局も一般的な外国人の給与水準をデータとして把握しています。

解 説

1　中国個人所得税法

中国居住者である駐在員の給与所得は基本的に中国国内源泉所得となりますので，中国国内負担給与（現地法人負担給与），国外負担給与（日本親会社負担給与）とも中国で課税対象となります。たまにある誤りが，中国現地法人負担給与のみ中国で申告し，日本親会社負担給与は日本で申告してしまうというものです。駐在員は中国居住者になりますので，日本で申告の必要はなく，逆に中国で日本負担分も全て申告する必要があります。

2　実際の実務　会社提出書類による計算

上記をどのように計算するかですが，源泉徴収で現地法人が納税するのが通常ですので，会社側で給与台帳などに基づき計算，申告することとなります。

3　中国側（現地給与台帳帳簿）

中国現地法人支給給与は当然ながら中国現地法人の帳簿にも記載されており，それと整合性のある金額を支給給与として申告することとなります。

4　日本側（日本親会社提出書類）

日本親会社支給分は親会社が給与証明等を作成して，それを元に現地で計算します。なお，こちらは現地の帳簿には出てこないことになりますが，税務局もある程度外国人駐在員の給与水準を把握していますので，一般的な数値と乖離がある場合，調査等で疑義を招く可能性があります。

海外出向中

Q43 海外出向先現地での所得税確定申告と日本の税務

CHAPTER 2

中国の改正前の個人所得税法では，年間所得が 12 万元以上の者は確定申告義務があり，日本人駐在員はほとんどが対象になるとのことでした。改正後の新個人所得税法ではどのようになったのでしょうか？

結 論

改正前の個人所得税法では，個人所得税の計算自体が月次で完結していましたので，年度で差額を納税するという必要は通常はなく，年間所得が 12 万元以上の者のみが申告のみすることとされていました。

改正後の個人所得税法では，年次計算となり，確定申告の義務も 2 カ所給与や，月次での源泉徴収納税額に差額がある場合などとなることになりました。ゆえに，改正前のように全駐在員が申告するようなことはなく，日本の確定申告のように差額が発生する場合に申告をすることになります。

ポイント

- ▶ 改正前は，年間所得が 12 万元以上の者に申告の義務があり，納付がなくても申告のみ行う必要があるというもので，日本人駐在員はほとんどの者に申告義務がありました。
- ▶ 改正後は，2 カ所給与や，差額納付の場合のみ申告義務があることとなりました。
- ▶ 改正後の中国の個人所得税法では，居住者は累積予納方式により，基本的に毎月年度での正しい税額を計算するようになっています。ゆえに，特別な事情がなければ駐在員は月次で正しい税額が計算できており，確定申告を行う必要はありません。

解 説

改正前の中国個人所得税法では，年間所得が12万元以上の者には確定申告の義務がありました。これは，納付や還付がなくても申告の義務があり，差額の精算というよりは，高額所得者の把握といった趣旨で行われていたものと思われます。

改正後の中国新個人所得税法では，所得による一律の申告義務はなくなり，2カ所給与や，差額が発生する場合に確定申告が義務付けられています。

具体的には，以下等が列挙されいます（個人所得税法第10条1項，個人所得税条例第25条）。

① 総合所得を取得し確定申告が必要な場合
② 課税所得を取得したが，源泉徴収義務者がいない場合
③ 国外所得を取得した場合
④ 2カ所以上から総合所得を取得し，年間収入額から特別控除項目を控除した残額が6万元を超える場合
⑤ 納税年度内の予定納税額が納税すべき税額を下回る場合（差額納税の必要がある場合）
⑥ 納税義務者が税金還付を申請する場合　等

ゆえに，通常毎月中国の現地法人に源泉徴収されている場合，国外所得があるなど，特別な事情がなければ確定申告を行う必要はありません。これは，居住者の源泉所得税の計算方式が，累積予納方式（日本の所得税でいうと，毎月年末調整を行うようなイメージの計算方式）をとっているため，基本的に納税の過不足が生じにくい計算方式となっているためです。

イメージ図

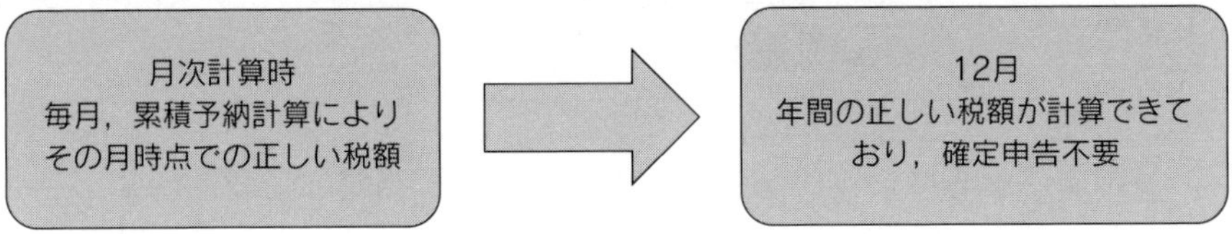

Column12　残った現地預金の日本への送金と運用差

「中国から日本への送金は難しい」であるとか，「個人には年間５万ドルの両替限度枠がある」というのは，よく聞く話です。

では，駐在員が帰任になった場合，残った現預金はどうなるのでしょうか？これは納税証明などの必要書類があれば，日本へ送金できます。年間５万ドルの両替枠が残っていればその両替枠を使って，外貨へ両替して日本へ送金できますし，両替枠を超過している場合であっても，納税証明などで現在の預金残高が正しく納税された給与であるなどの証明ができれば送金できることとなっています。また，社会保険の個人負担分についても，帰任後に還付される場合が多く，還付分は帰任後に送金することとなります。

ただ，各銀行間で運用差があることや，時期により審査の厳しさに強弱があるため（外部環境により政策的に審査が厳しくなる時期がある），現地の最新状況を確認する必要があります。

銀聯カード

なお，中国の銀聯カード（デビッドカードのようなもの）は，日本のATMでも使用でき，小額ですが，現金をおろすことが可能です。ただし，こちらも理論的には外貨管理の対象範囲内ではあります。

外部環境による運用の濃淡

また，外貨管理はその時々のマクロ的な外部環境により審査の濃淡が異なる場合があります。当局の指導により，金融機関が運用面を調整しますので，外貨管理のトレンドが大きく変化している時は送金，着金予定の金融機関に事前に確認をとる方が安全です。

海外出向中

Q44 米国居住者等の国外財産に関する情報開示義務について

CHAPTER 2

米国居住者等は日本の銀行口座情報等を米国当局に情報開示する必要があり，それを行っていない場合にはペナルティーがかかると聞きましたが，これまで一度も日本の財産に関して情報開示したことがありません。米国の情報開示制度やペナルティーについて教えてください。

結 論

米国居住者等（米国籍保持者，永住権保持者，税法上の米国居住者等）は，米国外に保有する金融資産に関する情報を毎年FinCEN Form114及びIRS Form8938で情報開示する必要があります。また米国外法人の株式を一定割合以上保有している場合にはIRS Form5471，一定額以上の財産を相続又は贈与により取得した場合にはIRS Form3520の提出が必要となります。

これらの開示手続を怠ると，大きなペナルティーが発生する可能性があります。

但し，これまで開示義務を失念していた申告者に対しては，自主開示プログラムが用意されており，所得税申告及び情報開示を適正にやり直すことでペナルティーの金額を軽減することができます。

ポイント

▶ 米国居住者等は米国外の金融資産等を米国当局に毎年情報開示する必要があります。

▶ 情報開示を怠った場合には大きなペナルティーが課される可能性があります。

▶ 自主開示プログラムによりペナルティーを軽減できる可能性があります。

解 説

1 米国外金融資産に関する情報開示及びペナルティー

米国にはReport of Foreign Bank and Financial Accounts (FBAR) という制度があり，米国外金融資産情報等をFinCEN Form114で情報開示する必要があります。また，税務申告の際にも米国外金融資産情報をIRS Form8938で情報開示する必要があります。

	FinCEN Form114 (FBAR)	IRS Form8938
対象者	米国市民，米国居住者（グリーンカード保有者など），米国で設立された法人・パートナーシップ・信託・遺産財団　など	米国市民，米国居住者（グリーンカード保有者など）
要件	海外に合計$10,000を超える銀行・証券口座を暦年中に一時点でも保有していた場合	海外に一定の金融資産（※1）を持つ場合
開示資産	米国外金融機関口座，米国外証券口座，50％超所有し支配しているEntityで保有している海外金融資産，外国ミューチュアルファンド，外国生命保険　など	米国外金融機関口座，米国外証券口座，口座外で保有する外国株式，外国パートナーシップ持分，外国ミューチュアルファンド，外国生命保険　など
主な開示情報	暦年中の最高残高及び金融機関・口座情報	暦年中の最高残高及び金融機関・口座情報
提出先	FinCEN (Financial Crimes Enforcement Network) ペナルティーに関してはIRSに権限を委譲	IRS (Internal Revenue Service)
提出期限	所得税申告書の提出期限（4/15）と同様（延長も可能）	所得税申告書の提出期限（4/15）と同様（延長も可能）
ペナルティー(1年ごと)	・過失の場合…1口座につき$10,000 ・故意の場合…1口座につき$100,000か口座残高の50％のいずれか高い方 ※悪質な場合は，上記のほかに刑事罰あり	$10,000 IRSの通知があってから90日以内に提出しない場合には30日ごとに$10,000の追加ペナルティ最高$50,000 ※悪質な場合は，上記のほかに刑事罰あり

※ 1　一定の金融資産

		独身	夫婦合算申告	夫婦個別申告
米国居住	暦年最高残高	$75,000	$150,000	$75,000
	暦年末残高	$50,000	$100,000	$50,000
国外居住	暦年最高残高	$300,000	$600,000	$300,000
	暦年末残高	$200,000	$400,000	$200,000

2　その他の情報開示及びペナルティー

米国外に所有する金融資産だけでなく，米国外に所有する会社に関する情報も情報開示の対象となる可能性があります。その場合にはForm5471で情報開示を行います。また，米国駐在期間中に日本在住の両親から相続又は贈与により財産を取得した場合等には，Form3520で情報開示する必要があります。

	Form 5471	Form 3520
対象者	米国市民，米国居住者（グリーンカード保有者など），米国内のパートナーシップ・法人・遺産財団・信託	米国市民，米国居住者（グリーンカード保有者など），米国内のパートナーシップ・法人・遺産財団・信託　など
要件	・取締役や執行役になっている外国法人株式を10％以上取得した場合 ・外国法人株式を50％超保有している場合 ・米国株主が50％超の株式を保有している外国法人の株式を10％以上保有している場合　など	・米国非居住外国人から$100,000を超える財産を相続又は贈与により取得した場合 ・米国外法人又はパートナーシップから$16,388を超える財産を贈与により取得した場合　など
主な開示情報	・株式保有状況 ・外国法人の財務内容 ・サブパートF所得に関する発生状況	・贈与者及び受贈財産の詳細，時価
提出先	IRS (Internal Revenue Service)	IRS (Internal Revenue Service)
提出期限	・所得税申告書の提出期限（4/15）と同様（延長も可能）	・所得税申告書の提出期限（4/15）と同様（延長も可能） ・相続により財産を取得した場合で，遺産税の申告が必要なときは，遺産税申告書の期限（相続発生日から9カ月以内）と同様（延長も可能）

ペナルティー（1年ごと）	$10,000 IRSの通知があってから90日以内に提出しない場合には30日ごとに$10,000の追加ペナルティ 最高$50,000　など	$10,000又は受贈財産の5％いずれか大きい額 IRSの通知があってからも開示しない場合は30日ごとに5％の追加ペナルティ（最大25％）　など 情報開示の失念が故意でなく，合理的な理由があったことを示すことができれば，ペナルティーは免除される。

3　自主開示プログラム

開示義務を果たしていない申告者に対しては，自主開示プログラム等が用意されており，所得税申告及び情報開示を適正にやり直すことでペナルティーの金額を軽減することができる可能性があります。

	Streamlined Filing Compliance Procedures	Delinquent FBAR Submission Procedures
制度概要	過年度の情報開示義務及び税金のもれ等を自主的に申告する制度。	Streamlined Filing Compliance Procedures等を使う必要がなく，FBARの提出もれを自主的に申告する制度。
参加要件	情報開示もれの理由が故意でないこと。提出もれの理由等を記載し，適正な情報開示（FBARは6年分）及び必要な場合には修正申告（3年分）が必要。 故意でないことをIRSに認めてもらう必要がある。	税金をもれなく納めており，IRSから既に調査や通知を受けていないこと。提出遅延の理由等を記載し，原則6年分の提出が必要。
ペナルティーの軽減	資産残高が年末時点で一番高かった時の5％（米国居住者）又は0％（米国非居住者）にペナルティーが軽減される。	ペナルティーが免除される。

海外出向中

Q45 中小企業の海外進出（よくある出向者・出張者の税務上のミス）

CHAPTER 2

日本親会社からの海外現地法人への出向者の給与について，日本親会社と海外現地法人の双方から給与を支給しています。これらの給与に係る所得税について，当社は，①日本親会社負担分は日本で所得税を申告，②海外現地負担分は海外で個人所得税を申告，納付するようにしていますが，問題ないでしょうか？

結 論

問題があります。海外出向者の場合，海外の居住者ですので海外で日本，海外両方を合算した給与について全世界所得で申告，納付する必要があります。逆に，日本では非居住者に該当するため，役員に支給する場合を除き，日本の所得税の納税の必要はありません。ただし，日本の親会社が負担した海外駐在員の給与を，法人税法上海外子会社に対する寄附金とされる可能性はあります。

ポイント

▶ 海外居住者の場合，居住国で全世界所得での課税が原則となります。

▶ 日本親会社負担給与がある場合も，非居住者に支給する給与は役員給与を除き，日本で所得税の納税義務はありません。

▶ 日本の親会社が海外出向者に支給する給与は，法人税法上海外子会社に対する寄附金とされる可能性があります。

解 説

1　居住国の確認

まずは，税法上どこの国の居住者になるかを確認します。これは，住民票やビザの有無等の形式的なものでなく，日本及び各国の税法に基づき総合的に判断します。

海外居住者給与の原則的な課税関係

項目	居住国	非居住国
個人所得税の課税対象	全世界所得	非居住国の国内源泉所得のみ
個人所得税の申告実務	給与の負担元に関わらず，取得した給与全てを申告	要件（役員，短期滞在者免税が不適用等）に該当しない場合は申告自体不要
給与負担はどの法人がすべきか？（法人税，企業所得税）	居住国の法人（通常居住者が所属する法人）が負担するのが原則	非居住国の法人（所属法人でない法人）。給与負担の場合，合理的でない部分は関係会社寄附金として損金不算入となる可能性

2　所得と負担の確認

次に，各所得について，「どこの国の所得か。それがどこの国の拠点（法人）で負担されているか」を確認していきます。これを各国の所得に当てはめ，課税関係を確定していきます。この方法によれば，よく誤りのある，「駐在員の給与を，日本親会社支給分を日本で課税し，現地法人支給分を現地で課税する」といったことはなくなります。

3　グループ全体での設計の検討（原則から設計していく）

法人税法における課税庁の考え方としては，「海外子会社への出向者の給与は，受益者負担に基づき海外子会社が負担すべき」という考え方をとっています。ゆえに，原則としては海外子会社に駐在員の給与を負担させることをスタート地点として，日本の社会保険料等調整が必要な部分は親会社負担も検討するという考え方が，税務上の観点からは望ましいと考えます。

「海外子会社に利益が出すぎて困っています。なんとか親会社に利益を移転する方法はないですか？」という質問が少なくありませんが，詳しく事情を聞くと，そういった企業に限って海外子会社出向者の給与を日本親会社で負担していることがあります。その状態ですと，子会社寄附金を指摘されるリスクがありますので，それを一部海外子会社負担に変更すれば，実質的に利益は日本親会社に移転しますし，日本の法人税法上の税務リスクも減って一石二鳥ということになります。

給与の負担元の変更による実質的な利益移転のイメージ

出向者に現地法人から 50，日本親会社から 50 の合計 100 の給与支給の場合

1）変更前

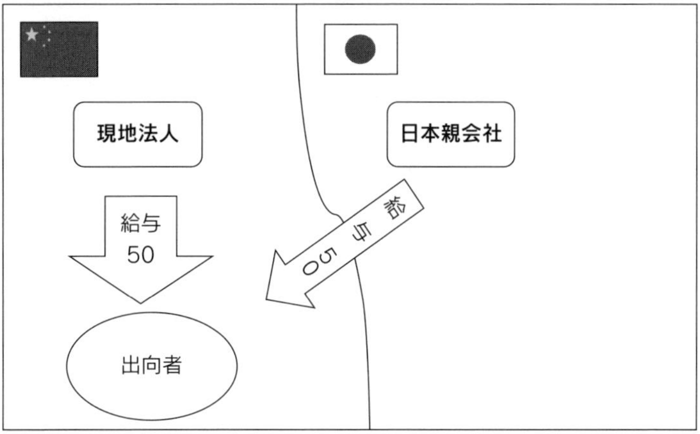

2）給与を全額現地法人負担に変更

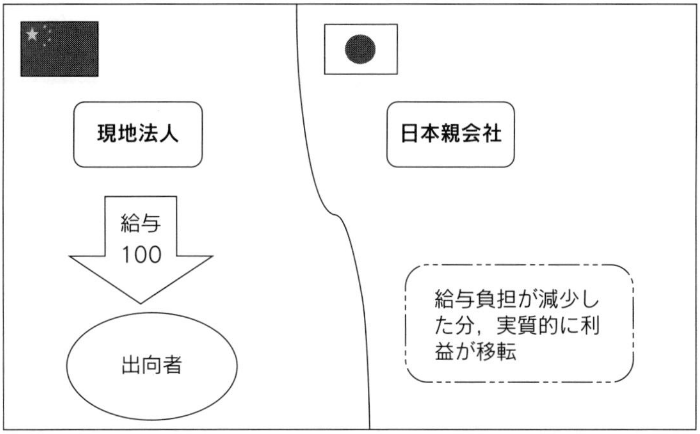

① 給与を全額現地法人負担にすることにより，実質的に利益が日本親会社に移転する。
② 日本の法人税法上の子会社寄附金認定のリスクも減る。
③ 出向者の給与受取通貨の選択は給与の負担とは異なる話。

海外出向中

Q46 海外出向中にストックオプションを権利行使した場合の取扱い（1）

CHAPTER 2

当社の社員Aは，2023年8月に3年の予定で米国子会社への出向のため日本を出国し，2020年11月に当社から付与されていた税制非適格ストックオプションの一部の権利行使をしました。税務上の取扱いについて教えてください。

① 権利付与日：2019年10月
② 米国入国日：2022年8月
③ 権利行使日：2023年11月

結 論

税制非適格ストックオプションの権利行使（株式の売却）は，権利行使価格と権利行使時の時価との差額について給与所得とされ，ストックオプションの権利付与時から権利行使日までの期間のうち，日本国内において勤務した期間に対応する金額が国内源泉所得となります。社員Aは米国居住者（日本の非居住者）であるため，当社は非居住者に対する給与（国内源泉所得）について，20.42％で所得税を源泉徴収する必要があります。なお，社員Aはストックオプションの権利行使時点で米国の居住者であるため，米国での課税関係も整理する必要があります。

ポイント

税制非適格ストックオプションは，権利行使時に権利行使時の株式の時価と権利行使価格との差額は給与所得として課税を受けます。

社員Aは米国居住者（日本非居住者）のため，国内法と日米租税条約の双方を確認する必要があります。

実務上，源泉徴収すべき金額を社員 A から当社へ送金してもらう必要があります。

解説

1　国内法の確認

税制非適格ストックオプションの権利行使時の所得については，所得税基本通達 23～35 共－6（株式等を取得する権利を与えられた場合の所得区分）で，取締役又は使用人が，職務の遂行に関連して株式を取得した場合に得た所得は，給与所得と規定しています。したがって，税制非適格ストックオプションの権利行使時に権利行使時の株式の時価と権利行使価額の差額について，給与所得として課税が生じます。

2　日米租税条約の確認

非居住者（米国居住者）がストックオプションの権利行使を行った場合，日米租税条約議定書第 10 項によれば，給与となる額のうち権利付与日から権利行使をした日までの期間に占める日本での勤務期間の割合を乗じて計算した金額が，所得税法第 161 条第 8 号イに規定する国内源泉所得として，日本で課税が生じます。また，権利付与日から権利行使日までの期間のうち，米国出向期間に係る部分の金額は米国で給与所得課税を受けます。

3　源泉徴収の実務

税制非適格ストックオプションを付与した当社は，所得税法第 212 条及び 213 条の規定により，その国内源泉所得の 20.42 %の税率で所得税を徴収し，その翌月末日までに納付しなければなりません。実際には，当社から社員 A へ金銭の支給がなされていないため，源泉徴収すべき金額を非居住者（米国居住者）から送金してもらうことになります。なお，非居住者（米国居住者）である社員Aが当社の役員である場合には，日数按分することなく行使益相当額全額を課税対象として源泉徴収する必要があるケースがあります（日米租税条約15（役員報酬））。

海外出向中

Q47 海外出向中にストックオプションを権利行使した場合の取扱い（2）

CHAPTER 2

当社の社員Ａは，2022 年 8 月に 3 年の予定で米国子会社への出向のため日本を出国し，2023 年 11 月に当社から付与されていた税制適格ストックオプションの一部の権利行使をしました。税務上の取扱いについて教えてください。

④　権利付与日：2019 年 10 月
⑤　米国入国日：2022 年 8 月
⑥　権利行使日：2023 年 11 月

結 論

国内法では，税制適格ストックオプションを権利行使（株式の取得）しただけでは非居住者であっても課税は生じず，取得した株式を売却した場合に日本の国内源泉所得となり，権利行使価額と株式の売却価額との差額に対して15.315 %の税率による課税を受けます。

また，日米租税条約の議定書 10 の規定の交渉担当者間の了解（仮訳）によると，条約第 14 条（給与所得）に関し，ストックオプション制度に基づく利益のうちストックオプションの付与から行使までの期間に関連するものは，「その他これらに類する報酬とする」とすることを規定し，さらに，課税の対象となる所得を，その勤務を当該国内において行った期間中，そのストックオプションの付与から行使までの期間に関連する部分について租税を課することができる旨を規定しています。

したがって，社員Ａが権利行使した時点では日本において課税は生じないものの，米国居住者の状態で権利行使して取得した株式を売却した場合に，ストックオプションの付与から権利行使日までに期間における日本勤務期間に対応する所得（権利行使益相当額）を15.315 %の税率で申告・納付する必要があります。一方，米国の課税は米国の税法によって行われるので米国で課税が発生することが想定されます。

ポイント

▶ 租税特別措置法第29条の2の規定により税制適格ストックオプションを権利行使しただけでは課税は生じません。

▶ 税制適格ストックオプションを権利行使して取得した株式を売却した場合，租税特別措置法施行令第19条の3第14項により国内源泉所得として15.315 %の税率による申告分離課税の対象となります。

▶ 日米租税条約第14条（給与所得）及び議定書10の規定で，ストックオプション制度に関して，二国間での課税権の配分に関する規則を規定しており，そのストックオプションの付与から行使までの期間中，その国において行った勤務期間に対応する所得の課税権を所得源泉地国に認めています。

▶ 米国居住者である社員Aは米国国内法により米国で課税が生じることとなり，日本の税制適格ストックオプションに該当しても米国国内法による税制適格ストックオプションに該当しないため，権利行使時及び株式の譲渡時の各々の段階で課税が生じることになります。二重課税が生じる場合は，議定書10の規定に従い，二国間での課税権の配分及び外国税額控除を定める国内法の規定により，二重課税の排除に努め，それでも二重課税が生ずる場合は，日本及び米国の権限のある当局は，相互協議の手続を通じて株式の譲渡時に二重課税を排除する方策を講ずることになっています。

解 説

1 国内法の確認

税制適格ストックオプションの権利行使時の所得については，租税特別措置法第29条の2（特定の取締役等が受ける新株予約権等の行使による株式の取得に係る経済的利益の非課税等）の規定でその適用がある者を日本の居住者に限定していないため，非居住者にも同条の適用があります。したがって，非居住者（米国居住者）が権利行使しても課税は生じません。なお，非居住者（米国居住者）による税制適格ストックオプションの権利行使により取得した株式の譲渡は，租税特別措置法施行令第19条の3第14項の規定で日本の国内源泉所得となり，租税特別措置法第37条の12の規定により15.315％の税率による申告分離課税の対象となります。

2　日米租税条約の確認

議定書10項と交渉担当者間の了解では，日米租税条約第14条（給与所得）に関して，ストックオプションの付与から行使までの期間に関連する所得は，同条の規定の適用上，「その他これらに類する報酬」と規定して，所得源泉地国にストックオプションの付与から行使までの期間に関連する勤務についての課税を認めています。したがって，ストックオプションの権利行使時に日本において課税を受けることはないものの，その権利行使により取得した株式を譲渡した時に権利行使益相当額を，その付与日から権利行使日までの期間のうち日本で勤務した期間に対応する所得について15.315％の税率で申告・納税する必要があります。また，権利行使後の株式の価値の増加に対応する所得は，日米租税条約第13条（譲渡収益）の規定が適用され，所得源泉地における課税を認めている株式の譲渡は不動産化体株式など一定の株式に限定しています。

したがって，権利行使後の株式の価値の増加に対応する所得は，租税条約第13条（譲渡収益）の規定が適用され，不動産化体株式などの一定の株式による譲渡から生じた所得を除いて，日本における課税は生じません。

3　米国国内法の確認

社員Aは米国の居住者であるため米国における課税は米国国内法に従うことになります。この場合，日本の税制適格ストックオプションは米国税制上の適格ストックオプションには該当しないと考えられるため，権利行使時に権利行使日の株式の市場価格と権利行使価額との差額を給与所得として課税を受けることになると想定されます。また，権利行使した株式をその権利行使した日に譲渡せず，後日，譲渡した場合は，その譲渡した市場価格と権利行使した日の市場価格との差額について譲渡損益を認識する必要があると想定されます。

4　ストックオプションの課税上の取扱いが二国間で異なる場合の留意点

ストックオプション制度に対する課税上の取扱いが一方の締約国の国内法と他方の締約国の国内法で異なる場合には，外国税額控除に関連する国内法上の制限（日本国内税法では繰越又は繰戻に関する期間制限（3年）又は譲渡収益の所得分類に関する制限など）が二重課税の排除を妨げる場合があります。

例えば，米国では税制非適格ストックオプションとされるが，日本では税制適格ストックオプションとされる場合や，日本では税制非適格ストックオプションとされるが，米国では税制適格ストックオプションとされる場合などです。

このように完全に二重課税が排除されない場合は，議定書10に従い，日本及び米国の権限のある当局は，相互協議の手続を通じて株式の譲渡時に二重課税を排除する方策を講ずることになっています。

Column13　非居住者をめぐる税制適格ストックオプションの税務上の留意点

国内勤務期間のない中国の従業員（非居住者）が，税制適格ストックオプションの権利行使による株式の取得に係る経済的利益について，租税特別措置法第29条の2を適用せず，税制非適格ストックオプションとして取り扱うことの可否について，関東信越国税局が平成30年10月31日に次の文書回答を公表しました。

税制適格ストックオプションの海外転勤・外国人の取扱いについて，“もやもや”としていたものが開けた専門家の方も多いのではないでしょうか？

はじめに，非居住者の税制適格ストックオプションの国内法における課税関係を整理すると，恒久的施設を有しない非居住者が税制適格ストックオプションの行使により株式を取得した場合，その株式の取得に係る経済的利益については，その行使の時においては課税されず，その譲渡時に，国内にある資産の譲渡により生じる所得として，15.215％の税率による申告分離課税となり確定申告が必要としています。

これは，権利行使時に給与所得課税を行うところを特例として譲渡時まで課税を繰り延べているのは，譲渡時に日本での課税権が確保されているからであって，株式の譲渡時に非居住者であれば日本で課税ができなくなるため課税の公平を確保するために設けられたといえます。

次に，照会文書の前提である中国の居住者の課税関係を日中租税条約で整理すると，権利行使益相当額（権利行使時の時価－権利行使価額）部分は給与所得の規定で，譲渡益相当額（譲渡価額－権利行使時の時価）は譲渡収益の規定で検討すると解しています。したがって，日本での勤務期間のない中国の居住者の権利行使益相当額については日本において課税が生じることはなく，譲渡益相当額については，第13条（譲渡収益）第4項の規定により課税の対象となり，15.315％の税率による申告分離課税の対象となると解しています。

また，日本との間に租税条約が締結されていない居住者にあっては，国内法の規定が適用され，株式の譲渡益全額（譲渡価格 - 権利行使価額）を15.315％の税率による申告分離課税の対象となります。

ところで，今回の文書回答の範囲外である日中租税条約や日米租税条約議定書10の規定のような規定がない条約については，OECDモデル租税条約コメンタリー（給与所得）のストックオプションの取扱いにおける給与所得と譲渡収益の所得区分，課税時期の違いと二重課税の排除，及び複数の国で勤務した場合の所得配分などの解釈により，同様の取扱いになると考えます。

海外出向中

Q48 海外出向から帰国後にストックオプションを権利行使した場合の取扱い

CHAPTER 2

当社の社員Aは2023年の10月に4年間の出向を終え，日本へ帰国しました。帰国後の12月に出向前に付与されていた税制非適格ストックオプションの一部の権利行使をしました。税務上の取扱いについて教えてください。

① 権利付与日：2017年12月
② 米国入国日：2019年8月／日本帰国日：2023年10月
③ 権利行使日：2023年12月

結 論

前述のとおり，税制非適格ストックオプションの権利行使（株式の売却）は，権利行使価格と権利行使時の時価との差額について給与所得とされ，社員Aは居住者であることからその給与所得とされる全額に対して課税が生じます。

一方，社員Aはストックオプションの付与日から権利行使日までの期間に米国で4年間の勤務をしていたため，その米国勤務期間に対応する所得は米国の課税の対象となり，米国で支払うこととなった所得税は外国税額控除の適用を受けることができます。

ポイント

- ▶ 税制非適格ストックオプションは，権利行使時に権利行使時の株式の時価と権利行使価格との差額は給与所得として課税を受けます。
- ▶ 社員Aは，米国出向から日本に帰国後にストックオプションの権利行使をしているので，居住者として全世界で生じた全ての所得について納税義務を負います。

▶ 社員Aは，ストックオプションの付与日から権利行使時までの期間のうち，米国に出向していた期間があるので，ストックオプションの権利行使に係る所得のうち，その期間の対応する所得を米国で給与所得として申告する必要があり，申告により納付する米国所得税は外国税額控除の適用を受けることができます。

解 説

1 国内法の確認

税制非適格ストックオプションの権利行使時の所得については，所得税基本通達23～35共-6（株式等を取得する権利を与えられた場合の所得区分）によると，取締役又は使用人が，職務の遂行に関連して株式を取得した場合に得た所得は，給与所得としています。したがって，税制非適格ストックオプションは，権利行使時に権利行使時の株式の時価と権利行使価額の差額について，給与所得として課税が生じます。

2 日米租税条約の確認

居住者（米国非居住者）がストックオプションの権利行使を行った場合，日米租税条約議定書第10項によると，給与となる額のうち，権利付与日から権利行使をした日までの期間に占める米国での勤務期間の割合を乗じて計算した金額が，米国国内源泉所得として，給与所得課税が生じます。

なお，米国の給与所得課税で生じた税額のうち一定の金額は，確定申告で外国税額控除の適用を受けることにより，日本で支払うべき所得税額から控除することができます。

3 源泉徴収の実務

実際には，当社から社員Aに対して金銭の支給がなされていないため，源泉徴収すべき金額を社員Ａから当社へ振り込んでもらうことになります。

海外出向中

Q49 外国親会社から制限株式ユニットの供与を受けた場合の取扱い

CHAPTER 2

当社は米国法人の日本子会社ですが，この度，米国親会社が運営する報酬プラン（制限株式ユニット（以下，「RSU」という）に当社の役員，社員が参加することとなり，各々，米国親会社とRSUの付与に関する契約を締結することとなりました。

ついては，外国親会社から付与されるRSUの税務上の取扱いについて教えてください。

結 論

外国親会社から付与された報酬プランは，税制非適格ストックオプションの税務上の取扱いと同じ取扱いとなります。すなわち，報酬プランの権利付与時には課税は生じず，権利行使時に付与された株式数に権利行使時の時価を乗じた金額について給与所得とされます。また，権利行使した株式を行使日に譲渡せずに後日売却した場合は，売却した日の株式の市場価格と行使日の市場価格との差額について，株式の譲渡損益を認識します。なお，当社は報酬プランの権利付与に係る直接の契約者でもなく，所得税の源泉徴収義務もありませんが，当社の役員，社員が付与された報酬プランに基づき株式を取得した場合には，この経済的利益に関する調書を所轄税務署長に提出する必要があります。

ポイント

▶ 税制非適格ストックオプションとされるRSUによる株式の取得は，権利行使時に権利行使時の株式の時価を給与所得として課税を受けます。

▶ 当社は所得税の源泉徴収義務を負うことはありませんが，経済的利益に関する調書の提出が義務付けられます。

▶　RSUにより外国親会社の株式を取得しても，当該報酬プランの権利付与日から権利行使日までの期間において，米国で勤務した期間がなければ米国で課税は生じません。

▶　RSUにより株式を取得した当社の役員及び社員は，経済的利益に関する調書に基づき所得税の確定申告を行います。

解説

1　国内法の確認

外国親会社の株式報酬プランは税制非適格ストックオプションに該当し，権利行使時の所得については，権利行使時にRSUにより取得した株式の権利行使時の時価を給与所得として課税が生じます。

2　外国親会社等が国内の役員等に供与等した経済的利益に関する調書の提出

外国法人の日本子会社又は日本支店の居住者たる役員若しくは社員が，その外国法人との契約により付与された権利に基づき経済的な利益を受けた場合には，日本子会社等がその経済的利益に関する調書（https://www.nta.go.jp/taxes/tetsuzuki/shinsei/annai/hotei/1255.htm）の提出が義務付けられています。調書は経済的利益の供与等に係る権利の付与契約ごとに作成することとされているので，同一年度に契約の異なる経済的利益の供与等はあった場合は，その同一の者について複数の調書の作成が必要となります。

3　所得税の確定申告

当社はRSUの権利行使による外国親会社の株式を取得に係る直接的な契約者ではないため所得税の源泉徴収義務はありませんが，上記2による調書を当社の所轄税務署へ提出すると同時に経済的な利益の供与等を受けた役員，社員にも交付する必要があります。また，RSU により外国親会社の株式を取得した役員，社員に対して適正に所得税確定申告を行うよう周知することが必要となるでしょう。

Column14　外国人社員に日本の親会社が株式報酬プラン制度の権利を付与するのは大変？

2022 年は，コロナ禍であったにもかかわらず日本企業による海外企業の買収・M & A の取引件数は約 620 件，取引金額も 3.5 兆円規模という新聞報道を目にしました。日本国内の将来的な人口減少に伴う需要の低下を見越し，今後も人口増加や経済成長が見込める海外への投資が活発化している結果だといえます。

海外 M&A で取り込んだ外国子会社の成長を確実にするために，現地の優秀な従業員のつなぎ止め，新たな採用を強化するためにも現地の役員及び社員に対して日本の親会社の株式などを付与する株式報酬プラン制度を運営している会社も少なくないと思われます。また，多様な業績連動報酬や株式報酬の導入促進を目的として整備された平成 29 年度税制改正を受けて，日本で勤務する役員，社員にとどまらず海外現地法人の役員，社員に対しても同様の制度の運用を新たに検討する会社もあるでしょう。

その場合，株式報酬プランに係る海外現地の課税関係の整理のほかに，株式報酬プランの権利の付与に伴う海外現地の手続も整理する必要もあります。国によっては株式報酬プランの権利行使時に海外現地の子会社が当該所得に対する現地所得税及び社会保険料などを徴収すれば特に手続を必要とされないケースも多くあると思います。しかし，自国の居住者への株式報酬プランの付与に際し，報酬制度の内容について届出・登録の義務を課している国もあります。

その代表例が米国となります。米国では株式報酬プランの権利付与に際して，米国連邦証券法上，一定の要件（資産規模，株主数の判定など）に合致する株式報酬制度を除き，証券取引委員会への登録・届出の義務を課しています。また，これとは別に，米国株式市場に上場していない外国法人（米国以外の株式市場では上場）に対する特例で手続を免除する制度を設けていますが，その場合でも会社のウェブサイト上に英語による決算書類等の開示が要求されています。

これまで日本の上場会社で開示が要求される財務情報を英語で準備していない会社にとってはかなりハードルが高くなってしまうのではないでしょうか？

海外出向中

Q50 駐在員の駐在期間により異なる課税関係（日本の所得（家賃・株式の譲渡等）・退職金）

CHAPTER 2

当社の名物中国駐在員がまもなく駐在５年目に突入します。改正前の中国個人所得税法では，駐在期間が５年を超えると中国では課税関係が異なると聞いたのですが，新個人所得税法ではどういう取扱いになるのでしょうか？

結 論

改正前の中国の外国人居住者は，５年を超えると５年以上居住者として中国人居住者と同様の課税関係となり，全世界所得課税となることとなっていました。５年未満の居住者と課税範囲が異なる点は，「国外払い国外源泉所得」で日本での所得（留守宅を賃貸に出している場合の賃貸収入）が課税対象となる点が大きな特徴でした。

新中国個人所得税法では，連続して滞在期間６年居住し，７年目から永住者として全世界課税の対象となることとなりました。その計算開始基準日は，2019年１月１日からとされています。ゆえに，2019年１月１日から６年連続して居住した場合，７年目から全世界所得課税になることとなります。

ポイント

- ▶ 改正前の中国個人所得税では，中国居住期間が５年以上の駐在員と，５年未満の駐在員では課税範囲が異なりました。
- ▶ 課税範囲の異なる点は，国外払い，国外源泉所得であり，具体的にはマイホーム賃貸の場合の不動産所得などが該当しました。
- ▶ 改正新個人所得税では，６年以上連続した中国に居住した駐在員が７年目から全世界所得合課税になることとなりました。

▶ また，6年のカウントも2019年1月1日から起算が開始されることとなりました。

解説

中国では外国人居住者は，その居住者も2種類に区分されます。改正前は1年以上5年未満駐在の居住者，5年超の居住者に区分されており，5年超居住者は全世界所得課税になるとされていました。改正後は，183日以上居住者と，6年超居住者の2種類となりました。

また，そのカウントも2019年1月1日から開始となり，7年目から全世界所得課税となります（ゆえに，面白い話ですが，中国滞在期間が6年以上であることにより，全世界所得課税となる外国人は，2024年まではいないことになります）。

なお，6年未満の駐在員は，主管税務機関に届出をすることにより，国外払い国外源泉所得の納税が免除されることとなっています（個人所得税法第4条）。

「国外払い国外源泉所得」とは何か？

「国外払い国外源泉所得」とは，国外源泉所得（日本人駐在員の場合，主に日本で発生している所得）のうち，国外で支払われている（主に日本から支払を受けているもの）ですので，具体的には日本の預金利息や株式の譲渡益，マイホームを賃貸に出している場合の不動産所得などが該当します。これが中国滞在6年未満であり，主管税務局への届出等の要件を満たせば中国税法上は課税されないこととなります。

海外出向中

Q51　海外出向者の予定変更

CHAPTER 2

【①当初1年以上の予定が1年未満に変更となった場合】

当社の社員Aは，2023年1月6日に3年間の海外勤務の辞令を受け，同年2月3日にビザを取得，同年2月28日に出国，同年3月9日に現地に着任しました。しかし，社員の一身上の都合により，同年6月16日に当初の予定よりも早く，同年6月30日に帰国することが決定しました。社員Aは出向者から通常の日本勤務社員に戻ることとなります。この場合の税務上の取扱いを教えてください。なお，当社の給与は毎月15日締め25日支払いです。

【②当初1年未満の予定が1年以上に変更となった場合】

①とは異なり，2023年2月28日に9か月の出張予定で出国し，同年3月9日に着任したものの，海外事業が順調に推移したため，同年6月16日に当初の予定から変更となり，赴任期間が3年となることが決定しました。この場合の課税関係はどのようになるのでしょうか。

結論

事情の変更が生じたときに居住者・非居住者の再判定を行うこととなりますが，遡及して居住者・非居住者の区分が変更されることはありません。

当初，1年以上の海外勤務の予定で出国した者は，出国の翌日から非居住者として取り扱われますが（所法2①五，所令15①一，所基通2−1），その勤務期間が1年未満となることが明らかとなった場合には，その明らかになった日以後は居住者となります。

また，当初1年未満の海外勤務の予定で出国した場合には，出国の時においては居住者として取り扱われますが（所基通3−3），その後事情の変更があり海外勤務が1年以上となることが明らかとなった場合には，その明らかとなった日以後は非居住者となります。

ポイント

▶ 海外勤務後，海外勤務期間に変更があったとしても，変更があった日以後，居住者・非居住者判定の変更が行われ，居住者・非居住者の判定が出国時に遡及することはありません（所法2①三・五，所令14①一，所令15①一，所基通2−1・3−3）。

▶ 当初1年以上の勤務予定で赴任し，1年未満に変更となった場合，出国前に年末調整をしていても，1年未満に変更となった日から12月末までの給与分につき再度，年末調整が必要となります。

解 説

まず，海外勤務をすることとなった従業員の居住者と非居住者の区分は，国外での海外勤務期間が契約等で1年未満となっているかによって判断します（所法2①三・五，所令15①一，所基通2−1・3−3）。したがって，①のケースの場合では，当初1年以上の海外勤務の予定であるため，非居住者となります。一方で，②のケースの場合は，当初1年未満の海外勤務の予定のため，非居住者とはなりません。

次に，本ケースでは，海外に赴任・出張後，勤務期間の変更が行われています。この場合，当初1年以上の海外勤務の予定で出国した者は，非居住者として取り扱われていますが，その勤務期間が1年未満となることが明らかとなった日以後は居住者となります。

他方，当初1年未満の海外勤務の予定で出国した場合には，居住者として取り扱われていますが，その後事情の変更があり海外勤務が1年以上となることが明らかとなった場合には，その明らかとなった日以後は非居住者と取り扱われます（国税庁「業務の都合により1年未満で帰国したり，海外勤務が1年以上となった場合の居住者・非居住者の判定」https://www.nta.go.jp/law/shitsugi/gensen/01/02.htm（2020年9月29日））。

したがって，このような変更のある場合の居住者・非居住者の判定は，当初の予定により，一度判定を行い，変更が決定した日から，再度判定を行うことになります。ゆえに，変更になったからといって遡及して，居住者・非居住者の判定を変更するといったことは必要ありません。

以上より，①のケースの場合，社員Aは，令和5年2月28日に1年以上の予定で赴任しているため，同年2月29日より非居住者として取り扱います。もっとも，当初の予定が同年6月16日に1年未満に変更となったことから，その日から居住者として取り扱うこととなります。したがって，3月支払分の給与（計算期間：2月16日〜3月15日）から非居住者として取り扱うため，日本では非課税となります（2月16日〜2月28日まで，社員Aは，居住者ですが，居住者である期間が1月以下のため，3月支払分の給与の全額を国内源泉所得に該当しないものと取り扱うことができます。所基通212−5）。この場合，2月支払分の給与までの年末調整が必要です。そして，6月16日に居住者となっていることから，7月支払分の給与（計算期間：6月16日〜7月15日）から居住者として取り扱い，源泉徴収が必要です。その後，帰国後に支払う給与分について年末調整することとなりますが，帰国後の年末調整にあたっては，出国時に年末調整を行った額と帰国後の7月支払分の給与から12月支払分の給与を合算して行います。

他方，②のケースでは，当初，1年未満の予定で出張しているため，居住者として扱い，通常どおり，日本居住者としてAに対する給与から源泉徴収を行います。もっとも，1年以上の赴任となることが決定した令和5年6月16日より，非居住者として扱います。したがって，6月支払分の給与（計算期間：5月16日〜6月15日）までは，居住者として，源泉徴収を行い，7月支払分の給与（計算期間：6月16日〜7月15日）から，源泉徴収を行いません。また，1

月支払分の給与から６月支払分の給与まで年末調整を行う必要があります。

なお，年末調整は，その年の年末調整の対象となるその年中に支払うべきことが確定した給与等の支給額が2,000万円以下ある者が対象であり，2,000万円を超える場合は，年末調整を行わず確定申告が必要となります（所法121①，190）。

海外出向中

Q52 海外出向者の一時帰国

CHAPTER 2

当社の社員Aは，2020年1月21日に3年間の海外勤務の辞令を受け，同年2月20日にビザを取得，同年3月31日に出国，同年4月1日に現地に着任しました。しかし，2021年2月1日，赴任国で，感染病が発生し，同年2月15日に一時的に社員Aは，日本に帰国し，同年2月16日より日本本社で勤務することとなりました。感染病が落ち着いたら，社員Aには，出向先に戻ってもらう予定ですが，一時的に帰国している期間の社員Aの税務上の取扱いを教えてください。なお，当社の給与は毎月15日締め25日支払で，社員Aに対しては，日本本社から支払われる給与，赴任先法人から支払われる給与があります。

結論

当初，1年以上の海外勤務の予定で出国した者は，出国の翌日から非居住者として取り扱われます（所法2①五，所令15①一，所基通2−1）。しかし，非居住者であっても国内源泉所得については20.42％の税率で源泉徴収が必要となります（所法170，169，161①十二イ，7①三）。したがって，まず，社員Aは，1年以上の海外勤務の予定で海外へ赴任しているので，非居住者に該当します。その後，日本に一時帰国し，日本で勤務しているので，日本での勤務部分についての日本本社から支払われる給与は，国内源泉所得となり，20.42％の源泉徴収が必要なります。また，赴任先法人から支払われる給与については，日本で確定申告が必要です（所法172①）。

なお，赴任先法人から支払われる給与は，租税条約上の短期滞在者免税の規定の適用が可能ですが，帰国が長期化し，183日等を超える場合は，短期滞在者免税の規定を満たさず，日本での勤務開始に遡って，日本の所得税の課税対象となるため，注意が必要です。

ポイント

▶ 非居住者が，日本に一時帰国し，勤務している場合の日本本社から支払われる給与のうち日本での勤務部分については，非居住者に対する国内源泉所得として 20.42 %の源泉徴収が必要となります。他方，赴任先法人から支払われる給与については，日本で確定申告が必要ですが，租税条約上の短期滞在者免税の適用の可能性があります。

▶ 当該源泉徴収は，給与だけではなく，賞与についても対象になるので，留意が必要です。

▶ 赴任国での所得税の課税にあたっては，外国税額控除を適用できる可能性があります。

解 説

1 非居住者の国内源泉所得

まず，社員 A は，2020 年 3 月 31 日に 1 年以上の海外勤務期間で赴任していますので，その翌日である同年 4 月 1 日より，非居住者となります（所法 2 ①五，所令 15 ①一，所基通 2−1）。その後，社員 A が国内で勤務することは通常想定されていませんので，日本での課税が問題となることは余りありません。しかし，本ケースのように急遽，一時帰国をし，日本で勤務をした場合，日本で勤務した部分に相当する給与は，国内源泉所得に該当します（所法 161 ①十二）。したがって，本ケースでは，社員 A は，2021 年 2 月 16 日から日本で勤務していることから，2021 年 2 月 16 日以降の勤務に対応する給与は，国内源泉所得として，このうち日本本社が支払う給与は源泉徴収する必要が生じます。つまり，3 月支払分の給与（計算期間：2 月 16 日〜3 月 15 日）から，20.42 %の源泉徴収をする必要があります。また，赴任先法人の支払う給与については，日本法人側で源泉徴収ができないため，社員 A が確定申告をする必要があります（所法 172 ①）。なお，給与だけではなく，賞与についても，日本勤務相当部分は，国内源泉所得となり，上記給与と同様に課税対象となるので，留意が必要です。例えば，本件において計算期間が 1 月 1 日～6 月 30 日で賞与の支払が 7 月 15 日（日本本社からの支払とします）であれば，7 月 15 日支払分賞与のうち，2 月 16 日～6 月 30 日に対応する賞与については，国内源泉所得となり，20.42 %の源泉徴収が必要となります。

2　短期滞在者免税の適用

本ケースの場合でも，一般的な租税条約では，①暦年の相手国での滞在日数の合計が 183 日を超えないこと，②国外の雇用主等が給与を負担すること，③国内の拠点・場所（恒久的施設）に実質的に給与を負担させない，の 3 つの要件が定められており，これら要件の全てを満たしている場合は，非居住者として短期滞在している相手国において給与所得課税は生じません。したがって，本ケースの場合で，滞在日数の合計が 183 日を超えず，赴任先法人で給与を負担しており，国内の恒久的施設に実質的に負担させていない場合は，日本勤務部分につき源泉徴収は不要です。しかし，多くの会社では，日本から一定の給与（留守宅手当等）を支払っている場合が多く，日本本社の支払う給与は，要件②を欠き，短期滞在者免税が適用されませんので，原則どおり，20.42 %の源泉徴収が必要となります。また，本ケースのように感染症等でいつ赴任国に戻ることができるかわからず，日本滞在期間が 183 日を超えてしまった場合，要件①を欠くことになり，帰国日に遡って課税がされます。以上より，一時帰国の期間が長期に及ぶ場合は，183 日等の短期滞在者免税の適用要件日数と現地就労査証等の有効期限などを勘案して，出向契約の解除も選択肢に入れ，今後の対応を考える必要があります。

3　赴任国での所得税

一時帰国中の従業員は，日本では非居住者である一方，多くの場合，赴任国で居住者となります。したがって，赴任国が居住者に対して全世界所得課税方式を採用している場合，日本での国内源泉所得についても赴任国で課税を受けることもあり得ます。もっとも，この場合，日本と赴任国で二重に課税されることとなりますから，赴任国で外国税額控除を受けることができる可能性があります。したがって，赴任国での所得税の申告や支払に際しては，外国税額控除が適用できるか否かの検討も必要となります。

海外出向中

Q53　海外出向中に相続が発生した場合（1）

CHAPTER 2

当社の日本人社員Ａは４年前から５年の予定で米国子会社へ出向していましたが，2023年４月に現地で亡くなりました（社員Ａは家族を日本に残しての単身赴任でした）。

社員Ａは米国に銀行預金口座及び証券口座を保有しており，各々の口座の残高は次のとおりとなっています。日米の課税の取扱いについて教えてください。

なお，社員Ａの相続人（法定相続人３人）は全員，日本におり，米国以外の相続財産は日本にある財産２億円となります。

①　米国 NY 州の証券会社に証券口座（株式，投資信託など時価20万 US ドル）

②　米国 NY 州所在の銀行に預金口座（残高５万 US ドル）

結 論

社員Ａの米国の金融機関を経由して保有する株式，投資信託及び預金は米国所在財産に該当し，米国遺産税の課税の対象となります。このうち銀行預金（米国事業用預金を除く）は米国国内税法上，米国所在財産から除かれ米国遺産税の課税の対象となりませんが，相続時点の社員Ａの米国所在財産の合計額が20万 US ドルと米国遺産税法上の基礎控除額６万 US ドル（課税遺産額ベース／米国非居住者）を超えるため，米国で遺産税を申告・納付する必要があります。社員Ａの相続財産の合計額は日本の相続税法上の基礎控除（本ケースでは4,800万円と仮定）も超えるため，日米の全ての相続財産ついて日本の相続税の申告・納付が必要となります。なお，米国で納付することとなる米国遺産税のうち一定の金額は，外国税額控除制度の適用により日本で納付する相続税の額から控除することができます。

ポイント

▶　米国にも遺産税や贈与税があり，被相続人の相続，生前贈与に伴い財産の所有権が移転する時に納税義務が生じます（納税義務者は被相続人，贈与者）。

▶　社員Aは，米国遺産税法上，非居住者に該当します。

▶　米国所在財産の合計額が6万USドル（米国非居住者に対する基礎控除額）以上の場合，遺産税を申告・納付する必要が生じます。

▶　銀行預金（米国事業用預金を除く）は，米国国内法上，米国所在財産から除かれていますが，日本の相続税の計算上は含める必要があります。

▶　米国遺産税の申告・納付期限は相続発生の日から9カ月以内となります。

解　説

1　日本国内法（相続税法）の納税義務と課税財産の範囲

日本の相続税法の納税義務者は相続又は遺贈により財産を取得した個人となり，被相続人又は相続人の国籍及び住所地によって三つに分類されます。

①　居住無制限納税義務者：

相続発生時点において日本に住所がある（一定の外国国籍者を除く）。

全世界所在の相続財産が課税の対象

②　非居住無制限納税義務者：

相続発生時点において日本に住所がなく（被相続人又は相続人のいずれかの者の相続発生前10年以内に日本に住所があった者），日本国籍保有者

全世界所在の相続財産が課税の対象

③　制限納税義務者：

相続発生時点において日本に住所がなく，上記②以外の者

日本国内に所在する財産だけが課税の対象

今回のケースでは相続人は，全員，日本に住所があるため上記①の居住無制限納税義務者に該当し，社員Aが保有していた全ての財産について日本の相続税の申告・納税義務が生じます（相法1の3，1の4）。

また，全世界所在の財産（本ケースでは日本及び米国）が課税財産の範囲となります（相法2，2の2）。

2　住所の定義（住所地の判定）

(1) 日本

相続税法又は贈与税法上，その定義は明確に規定されておらず，民法第22条の借用概念とされています。民法第22条では住所とは「各人の生活の本拠はその者の住所とする」とし，相続税法基本通達では，住所とは各人の生活の本拠をいうのであるが，その生活の本拠であるかどうかは，「客観的事実によって判定するものとする」としています（相基通1の3-1の4共-5）。

したがって，相続発生時点で被相続人が米国に駐在していたとしても被相続人の米国での居住期間，家族の居場所及び仕事との関連性など，被相続人の実質的な状況を考慮する必要があります。社員Aは当社の出向指示により米国へ駐在することとなったこと，家族は日本に残し単身赴任していたことを鑑みると，日本に住所があったと判断できます。

(2) 米国

他方，米国国内法では被相続人が相続時に米国市民・米国居住者である場合は無制限納税義務者に該当し，全ての財産が課税の対象となる一方，米国市民でも米国居住者にも該当しない被相続人は制限納義務者に該当し，米国国内に所在する財産のみが遺産税の課税の対象となります。ここでいう米国市民とは米国市民権保有者（米国出生者を含む）をいい，また米国居住者とは永住の意思を持つ居住外国人を指します（Tax resident）。米国所得税法にも米国滞在日数等を基準とする米国居住者の定義がありますが，遺産税の米国居住者の定義とは異なります。

3　米国遺産税の概要（被相続人が米国非居住者の場合）

① 米国にも相続税や贈与税があり，被相続人の死亡に伴い財産の所有権が移転するときに課税されます（納税義務者は被相続人）。また，生前に財産の所有権が移転される場合には贈与税が課税されます（納税義務者は贈与者）。

② 米国所在財産が6万USドル以上（課税遺産額ベース）の米国非居住者（例・日本居住者）に相続が発生した場合，遺産税を申告・納付する必要があります。

③ 銀行預金（米国事業用預金を除く），生命保険契約は米国国内税法上，米国所在財産から除かれています。

④ 日本と米国の間には遺産税，相続税及び贈与税に関する条約が締結されています。

⑤ 米国遺産税の申告期限は相続発生後9カ月以内となります。

⑥ 遺産税（連邦税）のほか，州によっては州税として遺産税（相続税）や贈与税が存在します（本ケースのNY州では州税として遺産税の制度があります）。

4　米国遺産税の納税義務者

日本の相続税は被相続人の死亡により財産を取得する相続人に対して課税される一方，米国の遺産税は被相続人の死亡により財産の権利が移転する時に被相続人の残した遺産に対して課税されます。つまり，納税義務者は被相続人となります。しかし，米国で相続が発生した場合には制度上，被相続人の有していた権利・義務は被相続人の人格代表者（遺言執行人（executor）・遺産管理人（Administrator））に帰属し，財産を整理・清算・申告するため，被相続人の人格代表者が納税義務者となります。

5　課税財産の範囲（米国国内に所在する財産）

米国国内に所在する財産の範囲は米国国内法と（日米）租税条約によって定められており，米国国内法と租税条約の規定は概ね同じ（【図A】参照）となります。しかし，預貯金（非事業用預貯金）と生命保険については米国外からの資金流入を促進するという政策的配慮から米国所在財産から除外されています。

■図A

	米国国内法	租税条約
不動産	所在地	所在地
動産	所在地	所在地
貸付金債権	債務者の居住地	債務者の居住地
株式，社債発行法人の本店	発行法人の本店	
預貯金	米国国内預金 （米国事業に関係するものに限る）	債務者の居住地
生命保険	—	保険会社の居住地

6　統一移転税制と統一移転税額控除（Unified Credits）

米国では被相続人（贈与者）が生涯を通じて行う相続，贈与について累積的に税額を計算する統一移転税制を採用し，統一移転税額控除という被相続人（贈与者）の生涯に与えられる基礎控除（2023年は課税遺産額ベースで1,292万USドル）が定められています。贈与を行う都度この税額控除額を充当していき残額がなくなったところから贈与税や遺産税が課税されます。しかし，被相続人が米国市民又は米国居住者に該当しない場合，基礎控除（課税遺産額ベース）は6万USドルに限られます。

7　相続に関する日米租税条約

米国は日本と相続に関する租税条約を締結しており，連邦遺産税及び連邦贈与税（日本については相続税及び贈与税）を対象税目としています（日米相続条約1）。

米国の一部の州に存在する遺産税（相続税）や贈与税は日米相続条約の対象とされていません。

8　統一移転税額控除と日米相続条約第４条による特例計算

被相続人が日本居住者である場合，日米相続租税条約の適用を受けることにより米国市民又は米国居住者に適用される基礎控除（2023年は課税遺産額ベースで1,292万USドル）の税額控除額に，被相続人の全世界相続財産のうちに米国内財産価額の割合を乗じた金額を限度とする税額控除の適用を認めています。なお，この特例計算を行うためには，米国遺産税の申告に際し，遺産総額の明細を開示する必要があり，特例計算によらない場合の基礎控除は課税遺産額ベースで6万USドル（税額控除額で1万3,000USドル）となります。

9　遺産税の申告と納付

米国非居住者は相続が発生した日から9カ月以内にForm706-NAを内国歳入庁（IRS）に提出し，米国遺産税の申告・納付を行う必要があります。

ただし，Form4768（申告期限延長の申請書）を提出すれば，原則として6カ月（最大12カ月）の間，申告期限が延長されます。なお，その場合でも期限内（相続発生から9カ月以内）に遺産税額の予定額を支払うことが望ましいといえます。

10　日本の相続税の申告と外国税額控除の適用

米国所在財産は全て（米国所在財産から除外された預金口座を含む）日本の相続税の課税の対象となります。納付した米国の遺産税は外国税額控除の適用により，納付すべき日本の相続税に被相続人の相続財産の価額のうちに米国財産の価格の占める割合を乗じて計算した金額を限度として控除することができます（相法20の2，21の8，相基通20の2-1，21の8-1）。

海外出向中

Q54　海外出向中に相続が発生した場合（2）

CHAPTER 2

Q53 の米国出向中の社員 A に相続が発生した場合と違い，社員 A の日本にいる親族（日本国籍保有者）に相続が発生し，社員 A が相続人となる場合の税務上の取扱いについて教えてください。なお，相続財産は全て日本国内に所在します。

結 論

社員 A は日本の相続税の納税義務者となりますが，米国遺産税の納税義務者には該当しません。また，日本に居住していた被相続人も米国所在財産を保有していなかったため，米国遺産税の納税義務者となりません。

ポイント

▶　相続人が日本国籍保有者である場合，被相続人及び相続人のいずれかが相続発生前 10 年の間に日本に住所を有していたことがあると，日本の相続税法上，社員 A は無制限納税義務者に該当します。

▶　被相続人が米国の居住者に該当しない場合，被相続人が米国所在財産を保有していなければ，米国遺産税の納税義務者となりません。

▶　社員 A が現地で国際結婚などをして米国を生活の本拠地とする遺産税法上の米国居住者に該当する場合，米国において一定の届出が必要になります。

▶　所得税法上，日本の非居住者である社員 A が相続人となる場合，被相続人が時価 1 億円以上の有価証券を有しているときは，国外転出時課税の適用に留意する必要があります（Q33 参照）。

解説

1　納税義務者と課税財産の範囲

Q53 の解説 1 の日本国内法（相続税法）の納税義務と課税財産の範囲のとおり，日本の相続税法の納税義務者は相続又は遺贈により財産を取得した個人となり，被相続人又は相続人の国籍及び住所地によって三つに分類されます。

本ケースでは，社員 A はこのうちの非居住無制限納税義務者に該当し，相続する全ての相続財産が課税の対象となります（相法 1 の 3，1 の 4，2，2 の 2）。

他方，米国国内法では被相続人が納税義務者となり相続時に米国市民でも米国居住者にも該当しない場合，制限納義務者に該当し，米国国内に所在する財産のみが遺産税の課税の対象となります。被相続人は日本の居住者であり，米国所在財産も保有していなかったため，遺産税の納税義務者となりません。

2　相続人が遺産税法上の米国居住者の場合の留意点

前記のとおり，被相続人が日本の居住者で米国所在財産を保有していないため米国遺産税の納税義務はありません。

しかし，社員 A が米国で永住の意思を持つ遺産税法上の居住者に該当する場合（例：米国で国際結婚をし，自己所有の自宅があり家族と同居，永住の意思がある），外国の個人等から Gift（贈与），Bequest（遺贈）等を受けた場合は，Form3520 により，米国内国歳入庁へこれを報告する必要があります。（報告であって申告ではありません）。

Form3520（http://www.irs.gov/pub/irs-pdf/f3520.pdf）

USD10 万以上の遺贈等を外国の個人から受けた場合は報告を行う必要があり，定められた期限内に報告がない場合は，Penalty として最低 1 万ドルが課せられます。

一般的には，米国所得税の申告期限が報告すべき期限となります（4月15日）。また，引き続き外国（日本）で金融口座等を保有している場合は，国外財産の情報開示のためのForm8938も提出する必要があります。

Form8938（http://www.irs.gov/pub/irs-pdf/f8938.pdf）

海外出向中

Q55 海外出向中に相続が発生した場合（3）

CHAPTER 2

Q54と同様に米国出向中の社員Aの日本にいる親族（日本国籍所有者）に相続が発生し社員Aが相続人となる場合において，その被相続人が保有していた国外転出時課税の納税猶予を受けた上場株式の一部を社員Aが承継した後に譲渡したときの税務上の取扱いを教えてください。

結 論

納税猶予を受けた上場株式の一部の譲渡は，被相続人の国外転出時課税の納税猶予について納税猶予の期限の確定事由に該当するため，被相続人の準確定申告において猶予されていた所得税の一部を納付することとなります。また，被相続人の準確定申告に係る所得税の納付税額が生じることからその納付税額が相続税申告における債務に計上されるため，相続税の更正の請求を行うことが可能となります。

相続人においては相続により取得した上場株式の譲渡益について，居住地(米国）において課税が生じることになります。

ポイント

▶ 国外転出時課税の納税猶予について適用資産に譲渡等による納税猶予の期限の確定事由が生じた場合には，納税が猶予されていた所得税及び利子税を納付する必要があります。

▶ 相続に係る国外転出時課税の納税猶予期限の確定により所得税の納付が生

じた場合には，その納付税額が相続税の債務控除に計上されることとなるため，相続税の更正の請求が可能となります。

▶ 社員Ａは米国居住者であるため，上場株式の譲渡があった場合には米国国内法及び日米租税条約によりその譲渡益に対して米国で課税を受けます。

解 説

1 国外転出時課税にかかる納税猶予の期限の確定

非居住者である相続人等が国外転出時課税の対象資産を取得し，その納税猶予期間中に国外転出時課税の対象となった有価証券等を譲渡した場合には，納税猶予中の所得税額のうちその譲渡した有価証券等に対応する部分の金額に相当する所得税の納税猶予の期限が確定することとなります。そのため，相続人はその譲渡の日から４カ月以内にその相当する所得税を利子税と併せて納付する必要があります（所法137の３⑥，⑭）。

なお，当該有価証券の譲渡価額が相続開始時の有価証券等の価額よりも下落しているときは，その相続人は相続開始の時にその下落した価額でその有価証券等を譲渡したものとみなして，国外転出時課税の申告をした年分の所得税を再計算することができます（所法60の３⑧一）。この場合には，相続人はその譲渡の日から４カ月以内に被相続人の所得税について更正の請求をすることにより，被相続人の所得税の減額がされることとなります（所法153の３②）。

2 被相続人にかかる相続税申告における債務控除について

相続に係る国外転出時課税の納税猶予の期限の確定により所得税を納付する必要が生じた場合には，被相続人の相続税申告における債務控除についてその所得税の納付税額相当額が計上されるため，当該相続税申告について更正の請求をすることができます（相法13，14）。

3　社員Aの株式譲渡に係る課税

日米租税条約の規定により，一方の締約国の居住者が有価証券の譲渡を行った場合には，その譲渡者が居住者とされる締約国において課税がされることとなります（居住地国課税）。社員Aの場合には米国居住者に該当するため，その日本の上場株式の譲渡に関しては米国国内法によって課税されることとなります（日米租税条約13⑦）。

海外出向中

Q56　海外出向中に相続が発生した場合（4）

CHAPTER 2

Q53 の相続発生における米国の相続手続について教えてください。
米国所在財産は次のとおりです。

①　米国 NY 州の証券会社に証券口座（株式，投資信託など時価 20 万 US ドル）

②　米国 NY 州所在の銀行に預金口座（残高 5 万 US ドル）

結 論

社員 A が米国の金融機関を経由して保有していた株式，投資信託及び預金について，相続が発生した場合の受取人をあらかじめ指定していない場合，州の裁判所の監督下による相続手続（プロベート）が必要となります。相続財産の価額が少額な場合，受取人の指定がなくてもプロベートを必要としない州もありますが，本ケースでは証券口座の残高が 20 万 US ドル相当のため相続発生時の受取人をあらかじめ指定していなければ，NY 州のプロベートが必要になると考えられます。

ポイント

▶　相続発生時に相続財産である預金口座，証券口座にあらかじめ受取人を指定していない場合，裁判所の監督下による相続手続（プロベート）が必要になります。

▶　プロベートの手続開始から手続の完了までに 1 年以上の期間を要するケースも多く，プロベートの手続を米国弁護士などに委任する場合，弁護士への報酬が高額になる恐れがあります。

③　プロベートでは遺産の内容及び相続人の情報が公開されることが一般的であり，個人のプライバシーが公開されることになります。

解 説

1　米国の相続手続

米国の相続制度は，相続が発生すると被相続人の債権・債務を清算し（相続に係る諸費用・税金を含む），残った財産を相続人に分配するという「清算主義」に基づいて行われます。この清算主義において債務は相続人が承継せずに，債権者への公告，債務額の確定などが裁判手続として行われ，遺産から精算（差引かれる）されます。この清算主義に基づく相続手続はプロベートと呼ばれ，裁判所の監督下で実施されます。

2　プロベートの概要

①　米国では相続が発生すると被相続人の財産はEstate（遺産）と呼ばれ，一定の場合（財産額が少額等の場合/州ごとに異なる）を除き，裁判所へ人格代表者（Personal Representative）の任命申請を行う必要があります。裁判所は申請を受けた者（個人又は法人）を任命・指名します。

②　人格代表者は，上記裁判所の任命・指名を受け，遺産の管理，相続手続及び相続税を支払った後に，財産を相続人に分配することができます。

③　裁判所の監督の下で，相続手続が進行するため相続手続の完了までに1年以上の期間を要します。

④　人格代表者は，遺言書がある場合は遺言執行者（Executor）と呼ばれ，遺言書がない場合は遺産管理人（Administrator）と呼ばれます。

3　相続財産の名義変更又は解約について

プロベート，遺産税の申告・納付の必要性に関係なく，米国所在財産の名義変更又は解約の手続は必要となります。相続手続のため，米国の金融機関に口座名義人に相続が発生したことを連絡すると，以下の書類の送付を求められる事が一般的で口座の名義変更又は解約を行うにもかなりの手間を要することになります。

a　Death Certificate（死亡証明書）

被相続人の除籍謄本を英訳し，除籍謄本を添付した翻訳書を日本の公証人による公証を受けることで代替します。一般的に相続人が宣誓供述書に翻訳の内容が原本の内容と相違ないことを公証人の前で署名し，公証人は相続人が面前で署名したことを認証します。

b　パスポートの認証

相続人のパスポートの記載内容を英訳し，パスポートのコピーを添付した翻訳書を相続人が宣誓供述書に翻訳の内容が原本の内容と相違ないことを公証人の前で署名し，公証人は相続人が面前で署名したことを認証します。

c　相続人の口座開設申込書とその申込書の認証

口座開設申込書に相続人が公証人の面前で署名し，公証人は相続人が面前で署名したことを認証します。

d　相続人が口座を相続したことを証する書類とその認証

遺産分割協議書を英訳し，遺産分割協議書を添付した翻訳書を相続人が宣誓供述書に翻訳の内容が原本の内容と相違ないことを公証人の前で署名し，公証人は相続人が面前で署名したことを認証します。

海外出向中

Q57 住民票の除票を忘れた場合の住民税

CHAPTER 2

私は 2022 年 10 月より中国に赴任しましたが，うっかりしていて住民票を除票するのを忘れており，2023 年 1 月 1 日も日本の旧住所地に住民票がある状態で，かつ会社も給与支払報告書を住民票のある市区町村に提出してしまったため，2023 年の住民税が課税されてしまいました。市区町村に相談に行ったところ，住民票をさかのぼって除票することはできないと言われてしまっています。2022 年 10 月より完全に日本の非居住者なのですが，2023 年の住民税を払うしかないのでしょうか？

結 論

規定上は形式的には納税義務があるとも読めますが，実態としては 2023 年 1 月 1 日に日本の居住者ではないことが明らかですので，個人の住民税について更正の請求等による修正ができないかどうか市区町村の税務課に相談してみるべきと考えます。

更正の請求等による修正が認められた場合，2023 年の納税は不要になります。また，出国時に住民票を除票しなかった貴方もよくありませんでしたが，会社側も非居住者の給与支払報告書を市区町村に提出すべきではなかったのではと考えます。いずれにせよ，実態を説明できる資料と税法根拠を準備して，まずは管轄自治体の税務課にかけあってみるべきでしょう。

解説

1　住民税の納税義務者

住民税の納税義務者は，賦課期日（通常1月1日）に都道府県又は市区町村に住所を有する個人とされています。住所を有する個人とは，住民基本台帳に記録されている者とされています。ゆえに，「住民票がある以上，住民税を課税せざるを得ない」といった解釈する地方税担当者もいるわけです（地法24②，294②）。

2　住民基本台帳の記録と実際の住所が異なる場合の取扱い

一方で，お尋ねのケースのような「住民票の住所と実際の住所が異なる」ケースについても地方税法で規定されています。日本国内のケースを想定していると思われる規定ですが，「実際の住所で課税された場合，住民基本台帳に係る市区町村は市区町村税等を課することができない」（地法24②）とされており，こちらを論拠として「実態が海外である場合，住民票を残していても住民税は課税されない」といった解説をされる国際税務の専門家の先生もいます。

ただし，こちらは日本国内の別の実際の住所に住んでいてそちらで課税されたケースですので，実際には海外に住んでいた場合の課税されない根拠として管轄の地方税の担当者が納得するかどうかは，難しい場合もあるのではと思慮します。

3　地方税法における住所の概念

また，個人住民税における住所は，所得税と同様，民法第22条に規定する住所の概念によることとされており，「個人住民税における住所とは，納税義務者本人の生活の本拠を言います。そして，生活の本拠とは，その人の日常生活の状況，住民基本台帳の登載の状況，家族の生活の状況など，その者の生活関係の全ての面を総合して，その中心をいうものと解されています。」（取扱通知（市）２章6）と地方税法の施行に関する取扱通知に記載されています。ゆえに，この考え方に則れば，総合的な観点から「手続失念により住民票はあったとしても，住所はない」と主張することに妥当性はあるものと思われます。形式的に，「住民基本台帳に記載があるから，住所あり」とする市区町村担当者は上記通知の住所の概念についての検討が不足しているかもしれません。

イメージ図

根拠	住所を有する個人又は住所の概念
地方税法 24 ②，294 ②	その市区町村の住民基本台帳に記録されている者
地方税法の施行に関する取扱い	住民基本台帳の登載の状況，生活等全ての面を総合して

4　管轄の市区町村ごとの取扱いの相違と根拠資料

上記のとおり，理論的には実態が海外居住であれば，住民票の除票手続の失念があったとしても，税務上は非居住者として取り扱われる余地があるものと思われます。

一方で，各市区町村の実務運用として，「住民票があれば必ず課税」としている自治体もあるようです。そのあたりは各自治体の実務裁量の範囲の部分もあると思いますが，まずは実態を説明できる根拠資料と，上記の税法根拠などを準備して自治体の税務課担当者に相談してみるのが良いのではと考えます。

海外出向中

Q58 個人の所得税外国税額控除

CHAPTER 2

本年は台湾での出張期間が日台租税協定の短期滞在者免税の期間を超えてしまい，台湾で個人所得税の納税しなければならなくなりました。当該個人所得税は，日本で外国税額控除が可能なのでしょうか？また，外国税額控除の適用はどの年度になるのでしょうか？

また，ケースによっては適用前年に繰越処理を行わなければならないと聞きましたが，これはどういったものでしょうか？　前年にその処理を行っていなかった場合，当年で適用を受けることはできないのでしょうか？

結 論

適正に日本で所得税外国税額控除の申告をすれば，外国税額控除の適用は可能です。外国税額控除の適用は，「実際に支払った年度」になりますので，多くの場合で実際に所得が発生した年度とは異なります。お尋ねのケースの場合，2022 年分の個人所得税ですが，実際に納税されたのは 2023 年ですので，外国税額控除の適用を受けるのは 2023 年分になります。

また，所得の発生と納税が対応しない場合は，所得発生年度で外国税額控除の控除余裕額の繰越という申告をしなければなりません。このケースでは日本では 2022 年分申告時に，控除余裕額の繰越をし，2023 年に外国税額を支払いましたので，2023 年分の申告でようやく外国税額控除ができることとなります。

ポイント

▶ 台湾で支払った個人所得税は日本で外国税額控除の適用が可能です。

▶ 日本での外国税額控除は支払った年での控除ですので，発生年で控除余裕額の繰越の申告が必要となります。

▶ 繰越の申告を失念していた場合，期限後申告を行う必要があります。

解 説

グローバル化に伴い，個人でも海外で所得がある方（給与や不動産，株式など）が増えてきましたが，その場合，外国で税金が課されることも当然あります。その際に，日本の居住者の場合，海外の所得についても日本の所得税が課税されますが，外国で課税された税金が日本の所得税と同じ性質のものである場合は，外国で納税した税金を日本の所得税から控除してもらえる制度があり，それが外国税額控除という制度です。理屈はすごくシンプルな制度なのですが，実務でやると面食らう部分がありますので，今回はそちらについて解説します。

1　外国税額控除制度概要（外国所得税が控除可能・付加価値税等はダメ）

日本の居住者は全世界の所得について課税されますが，海外で同じような税金が課された場合，二重課税となるため日本の税金と同じ税率までは日本の税金から控除するという制度が外国税額控除で，所得税以外にも法人税，相続税にもあります。なお，注意点としては外国で課された税金が，「日本の所得税と同じ性質のものであるか？」という点です。よくいただくご質問は，付加価値税や，土地増値税など所得税と性質の異なる税金を控除できますか？　というものですが，こういったものは二重課税には該当しませんので，控除できません。

2　落とし穴（通常所得の発生と納税は同年度で対応しない・国外所得発生年で控除余裕額の繰越が必要）

制度は非常にシンプルなのですが，実務で面食らうのは，「実際に控除が受けられるのは外国税額を納税した年である」という点です。例えば，2022 年の国外所得について，日本では 2023 年 3 月 15 日までに確定申告をしますが，通常その所得に対応する外国税額は 2023 年に納税することが多く，発生と納税にズレが生じてしまいます。

この場合は，発生した年度（2022 年）では，外国税額控除の控除余裕額の繰越という申告を行い，実際に外国税額を納税した年度（2023 年）で外国税額控除の適用を受けることという 2 ステップの申告が必要となります。例えば台湾の個人所得税は，日本と同様の暦年課税ですが，申告納税期限は翌年 5 月 31 日であるため，発生と納税が同じ年度で対応しないことになります。その場合，まず 2022 年分を日本の所得税で申告する際に，控除余裕額の繰越をし，2023 年の納税後に 2023 年分の日本の所得税の申告時に外国税額控除をすることになります。

3　控除順序は所得税→住民税（住民税は政令指定都市の確認要）

また，所得税以外に複雑なのが，日本は個人の所得に対する税金が「所得税・道府県民税・市町村民税」という三重構造であり，外国税額控除も所得税→住民税という順序で適用をすることになっており，自分の所在地が政令指定都市か否かにより税率の配分が異なるため（合計は同じです），所在地の税率を所得税確定申告書に記入する必要があるというところです。これも最初見ると「何ですか？　これは？」と面くらいます（納税者に選択の余地があるものではないので，自動でやってくれれば楽なのにと筆者個人としては思います）。

帰任

Q59 帰任年の税務処理と事前準備

CHAPTER 2

この度，当社初の海外駐在員が無事３年の任期を終えて帰任することとなりました。帰任の場合の，中国，日本での税務上の処理はどのようになるでしょうか？

結 論

大きな流れとしては，帰任月までは中国で申告し，帰任後は日本で申告するといった処理になり，端数については詳細な取扱いが定められています。

給与については，中国では帰任日まで日数按分で申告し，帰任後は日本で申告することとなります。また，帰任に伴い地域によっては税務登記の抹消などを行います。

帰任後賞与も課税ですが，非居住者となった日以降の賞与支給については実務的にどう申告，納付するかという課題があります。

また，中国の新個人所得税法では非居住者の取得した支給対象期間が複数月にわたる賞与は，6カ月で按分して収入金額を計算し，費用を控除せずに月次税率表を適用して個人所得税額を計算するとされています。これは，非居住者は月次計算であるため，単純に給与と合算すると税率が高税率になってしまうことを緩和するための措置です。

ポイント

- 帰任日まで中国で税務申告し，帰任月は日数按分となります。
- 帰任後は日本では居住者扱いとなります。
- 帰任後支給賞与も中国駐在期間対応分は中国で課税となります。

▶　中国で非居住者に該当する場合は，賞与を６カ月で按分して収入金額を計算することができます。

解　説

帰任月については，中国では日数按分で給与の計算を行います。日本では帰任後支給された給与，賞与については日本で全額課税されることとなります。なお，日本側で年末調整の対象となるのは，日本の国内源泉所得部分のみ（帰任後日本での課税分）となります。また，日本親会社が支払った帰任後の賞与については，中国では日数按分となり，この部分については国外源泉所得として外国税額控除の適用があることとなります。また，中国の新個人所得税法では，非居住者に該当する場合に，対象期間が複数月分の賞与を取得した場合，賞与金額を６カ月で按分して収入金額を計算し，費用を控除せずに個人所得税額を計算することができます。これは，中国の新個人所得税法では，非居住者は月次計算であるため，単月で高額な賞与が支給された場合，単純に合算すると税率が高率になってしまうことを緩和するための措置として設けられています。

イメージ図

非居住者への支給対象期間半年分の賞与

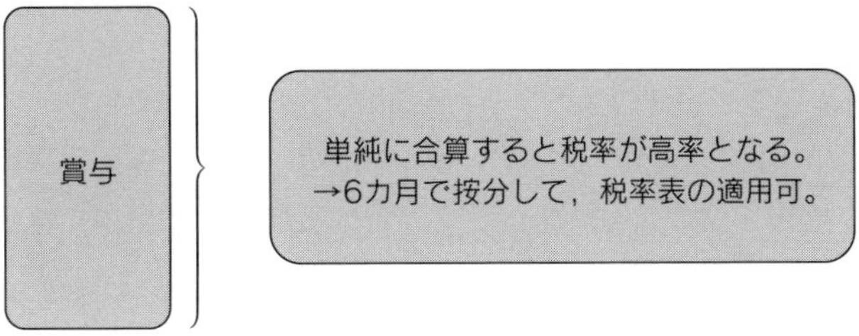

Column15　日本人駐在員の帰任と引き継ぎ

～苦労は日本人だけではない？　現地スタッフの苦労～

駐在員交代時の苦労

①日本人側引き継ぎ

日本人同士の引き継ぎももちろん大変です。前任者と新任者では，新任者が駐在経験者でない場合，語学力や海外経験で大きな差があることとなります。また，現地法人では日本人駐在員は管理者として非常に大きな存在であるため，駐在員の交代でがらりと会社の空気が変わってしまうこともあります。ゆえに，交代にあたってはひと月程度でバタバタと引き継いでしまうのではなく，新旧駐在員がある程度重複する期間を持つ方が望ましい場合もあります。

②現地スタッフの苦労

現地スタッフは現地スタッフで駐在員の交代というのは大変なようです。私も駐在時はさんざん迷惑をかけましたが，「言葉がしゃべれず，現地のビジネスはおろか生活方法もわからない日本人」に対し，手取り足取り世話を焼き，ようやく管理職としての仕事ができるようになったという時期の駐在3年目あたりに駐在員が交代してしまうケースが多くあります。彼らにとっては，「また素人が来て，一から教えなければいけないのか？」というわけです。現地スタッフの苦労は，やがて不満，士気の低下につながりますので，そういったマイナス面の軽減の観点からも駐在員の重複などの配慮は意味があります。

③駐在員の生活面のフォローも（誰でも順応するわけではない）

また，日本人駐在員というのは，日本人が思う以上に現地では大きな存在ですので，その交代は現地にとっては大きな影響のある事項となります。前任の駐在員が現地に適応して，大いに力を発揮したようなタイプだった場合，駐在員が交代すると一気に雰囲気が変わってしまったりもします。

帰任

Q60 海外出向から帰国後に現地外国所得税を会社が負担する場合の留意点

CHAPTER 2

中国子会社に出向していた日本人社員Aは，３年間の出向期間を終え，9月30日に日本に帰国しました。帰国後に，出向期間中の日本払いの給与が中国個人所得税の計算の際，計上が漏れていたことが判明したため，改めて，中国現地で所得税の申告を行うこととなり，この申告で支払うこととなる中国の個人所得税を全額，当社が負担することとしました。この場合の税務上の留意点を教えてください。

結論

日本に帰国した社員Ａの中国勤務中に関わる未精算の個人所得税を会社が負担した額は，社員Ａに対する経済的な利益の供与，すなわち給与に該当します。

したがって，日本の居住者である社員Ａの中国個人所得税を会社が負担した時に，所得税を源泉徴収する必要があります。なお，社員Ａが中国個人所得税を自ら支払った場合においても，その中国個人所得税の額は外国税額控除の適用を受けることができません。

ポイント

▶ 日本人社員Ａは，日本に帰国した９月30日の翌日から日本の居住者に該当し，10月１日以降は日本国内・国外で生じた全ての所得について，日本で納税義務を負います。

▶ 当社が全て負担することとした中国の個人所得税は，当社から日本人社員Ａに対する経済的な利益の供与（日本人社員Ａとの雇用に基づく負担であることから給与所得に該当）となります。

▶ 当社が中国個人所得税を支払う時に，所定の源泉徴収を行う必要があります。

▶ 日本に帰国後に支払った中国駐在期間に対応する中国の所得税は，外国税額控除の対象から除かれています。

解 説

1 居住者の課税所得の範囲

居住者の課税所得の範囲は，全世界で生じた全ての所得と規定されています。当社が日本人社員Aが負担すべき中国個人所得税を替わりに支払うことは，当社と日本人社員Aとの間の雇用関係に基づき負担することから，当社から日本人社員Aへの経済的利益の供与に該当し，給与所得として所得税を徴収する必要があります（所法5，7）。

2 源泉徴収所得税の計算

所得税法第183条の規定は，居住者に対し国内において給与等の支払をする者は，その支払の際，その給与等について所得税を徴収し，これをその徴収の日の属する月の翌月10日までに国に納付しなければならないと規定しています。

したがって，当社が日本人社員Aが負担すべき中国個人所得税を支払う際に，所得税を徴収する必要があり，この場合，中国で支払う所得税の額を税引手取額として，これを税込の金額に逆算し，その逆算した金額を給与（賞与）支払額のグロス金額として源泉徴収税額を計算します。

3 外国税額控除適用上の留意点（所令222の2④）

日本の居住者である者が，海外への長期出張の結果，現地の所得税を支払うこととなった場合，確定申告により外国税額控除の適用を受けることができます。なお，外国税額控除の適用は，納付した（納付すべき）外国所得税のうち，日本国外を源泉とする所得に対応する金額が控除限度額とされ，外国所得税の全額が控除できるとも限りません。

しかし，今回のケースのように中国駐在から帰国後に中国個人所得税を社員Aが支払っても，この中国個人所得税は，所得税法施行令第222条の2第4項（居住者がその年以前の年において非居住者であった期間内に生じた所得に対して課される外国所得税の額は外国税額控除の対象となる外国所得税に該当しません）の規定により，日本で納付する所得税額から控除することはできません。

帰任

Q61 日本への帰任時に現地社会保険料の返金を受ける場合

CHAPTER 2

中国から帰任した駐在員が，中国駐在中に支払った社会保険料はどうなるのでしょうか？　個人負担分については還付を受けることが可能でしょうか？　また，還付されるという前提である場合，駐在員の給与設計の際，現地の社会保険料はどのように考えるのがよいでしょうか？

結 論

帰任した場合，社会保険料の還付は可能で，現地法人が還付の手続をすることが多いようです。海外での社会保険料負担は会社が負担することとしている場合が多いですが，還付される養老保険（日本の厚生年金に相当）の個人負担分及び医療保険個人負担分の口座残高については，会社負担の場合会社で収入計上し，個人負担としている場合は個人に還付することになります。

ポイント

- 帰任時には，養老保険の個人負担分について一定額が還付されます。
- 還付された場合の税法上の処理は，納付時の税務処理によります。

解 説

中国でも2011年以降外国人も中国の社会保険に加入することとされ，一部都市を除いて社会保険を納付することとされています（中国国内で就業する外国人の社会保険加入暫定弁法）。その際，養老保険（日本の厚生年金に相当）の個人負担分及び医療保険の個人負担分の口座残高（中国の医療保険は利用分を口座から差し引く制度）については，受給前に帰任した場合，還付されることとなっています。その場合の処理は，納付時に給与として処理していれば，会社へ返還させるのも一つですし，個人が負担していれば，そのまま個人が還付金を得るのが合理的な処理となります。

なお，中国の社会保険の手続上，社会保険口座の所有権は当該帰任駐在員に帰属します。ゆえに当該還付金を会社に返還させたい場合，社員との協議書が必要になりますので，駐在員がそのまま退職してしまうような場合は注意が必要です。

Column16　日本への帰任後の適応の問題（環境・社内）

海外駐在後に本社に帰任した元駐在員がうまく本社の環境に適応できないという話をよく聞きます。なぜ，そういったことが起こるのでしょう。また，そういった帰任後離職を防ぐにはどういった対策が有効でしょうか？

海外駐在は本社からの派遣であり，３年から５年の任期を終えると日本本社に帰任するのが通常です。しかし，駐在時代の知人など見ていると確かに退職する方も少なくないようです。帰任後の退職には以下のような理由が関係しているようです。

帰任後のポスト

まず，帰任後のポストが問題となります。長年にわたり海外勤務が行われているような会社であれば，帰任後のルートやそれを生かした仕事がありますが，実験的に海外へ進出したような企業である場合，初の海外駐在帰任者という場合もあります。そういった場合，海外駐在を経験した者に与える良いポストがなく，本人，会社ともにフラストレーションがたまり，不本意な勤務状態となるというケースがあるようです。

駐在時の業務とのギャップ（経営者的視点）

また，本人も日本勤務時と海外駐在時では，かなり違った業務を経験することとなります。日本では一スタッフとして業務を行っていた方でも，海外では経営者のような立場で，言葉の通じない社内外の外国人とわたりあい，乗り切っていくことになります。そうした場合に，かつての日本の職場に戻った場合，やはりギャップを感じてしまう場合があります。

人生観・キャリア観の変化？

また，人生観や仕事観がある程度変化するという影響もあると感じます。日本で重視されていたポイントが新興国などではあまり評価されず，逆に実行力をもってグイグイ進めていくような能力が新興国では必要とされる場合もあり，その価値観の転換についていけない，あるいは納得できない場合は他のフィールドがあると考えてしまう場合もあるでしょう。また，赴任先で日本勤務時代とは異なるいろいろな方と交流するなかで，従来とは違ったキャリア観，人生観を持つ方も少なくないようです。

人材の定着のケア（海外は広いが日本人の海外人材畑は狭い）

上記のような状況ですので，帰任後あまり広がりのないキャリアにおかれると，お互いギャップが生まれ「退職やむなし」となってしまうこともあります。また，そもそも人生観やキャリア観が変わってしまったような場合は，会社が対応しても引き止めが難しいという場合もあるでしょう。

海外人材の希少さと業界の狭さ

こういった場合の退職はお互いやむを得ない部分もあります。また，実際こういった海外駐在経験を持つ人材は人材市場でも希少です。さらに，海外をフィールドとしてキャリアを積んでいく人材は限られており，中国関係などは筆者も様々なところで，同じ方とかつてとは違う企業やビジネスで再会することがよくあります。日系企業の海外人材というのはそれだけ逼迫しているということかもしれません。

Column17　外国人の現地での個人所得税の重要性と税務調査（課税技術と申告実務）

「こんな小さい会社に税務調査なんか本当に来るんですか？」

この手のお話は，日本でも，海外に進出している現地法人でもよく聞かれる質問です。しかし，新興国においては外国人の個人所得税の税収は重要です。

小さい現地法人であっても外資企業は特殊な存在

また，いくら小さな現地法人であっても，現地では数少ない外資企業として注目され，税収も期待されています。地域によっては管轄区内に日系企業は数社しかないというような都市もありますので，当然ながら注目されているわけです。

個人所得税は定番（赤字でも徴収可能かつ税額が大きい）

特に，個人所得税については，「法人が赤字でも必ず納付する」税金であることから，海外現地では狙われる税金です。出張者，駐在員など過去の外国人全ての出入国記録が求められる場合などもありますので，「必ず調査される論点である」くらいの認識でいる方がよいでしょう。

過去の駐在員・退職者のパスポート・サイン等

税務調査で困るのが，当たり前のようにパスポートのコピーなどを要求されることです。これは入出国欄をチェックして中国滞在期間を把握しようという意図ですが，パスポートは個人のものですので，退職者などは提出が難しいケースがあります。

Column18　技あり？　出向者の日本帰国時の日本の所得税に関する税務調査での指摘

～出向者が短期滞在者免税の逆パターンで日本で課税されるケース～

日本人出向者の課税関係

まず，日本人出向者の課税関係を整理します。日本人の出向者は，税法上は海外赴任国の居住者であり，日本の税法上は非居住者となります。この場合，居住国である海外で全世界所得課税がなされ，日本では日本国内源泉所得のみ課税されるのが原則となります。

▌課税関係イメージ図

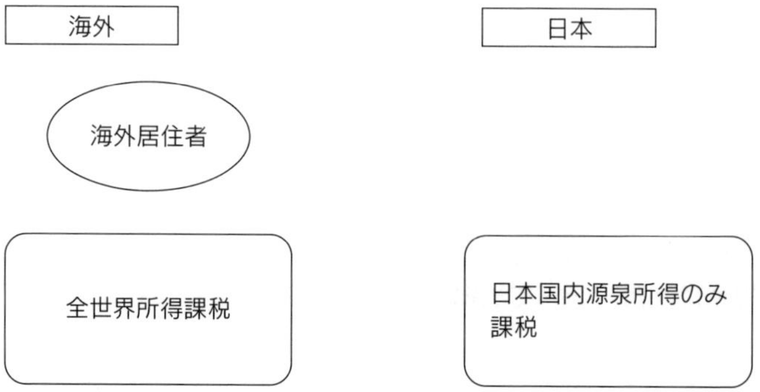

ゆえに，「日本では日本の預金利息や株の配当，家賃収入などの国内源泉所得のみしか課税されない」というのが基本的な形となります。

一時帰国時の課税関係（短期滞在者免税）

ここで，意外なのが，日本からの給与支払がある場合，海外駐在員であっても日本国内源泉所得が生じ，納税義務があるというものです。盲点とでも言うべき論点ですが，税法上はそのとおりであり，実際に税務調査でも指摘事例があります。

日本人非居住者に対する日本国内源泉所得の課税

上記のとおり，日本人であっても所得税法上日本の非居住者となり（実際非居住者であるため日本で給与所得については納税しません），非居住者に対する課税として，日本国内負担の日本国内源泉所得税が課税されることになります。税務調査での指摘事例も一定数ある論点ですので，駐在員に国内から給与支給を行っている場合，日本の出張期間に対応する給与について源泉徴収を忘れないよう注意する必要があります。

帰任

Q62 日本へ帰任後に現地法人から賞与の支給を受けた場合

CHAPTER 2

日本に帰任後に，駐在時代の勤務分について中国現地法人から賞与の支給を受けました。これは中国では課税されるのでしょうか？　また，日本でも課税されてしまうのでしょうか？　その場合，外国税額控除は可能でしょうか？

結論

中国勤務期間に対応する分の賞与の支給を現地法人から受けた場合には，中国でも個人所得税の納税義務があります。また，日本では全期間について所得税が課税されることとなります（所法７①一）。

ただし，適用時期の問題があり，外国で課税された税金の対応年度と，日本での外国税額控除の適用時期は対応しない場合がしばしばあります。これは日本の外国税額控除が「納付した日」の属する年に適用されることとなっているためです。

ポイント

▶　帰任後支給賞与について，中国では対応期間中の中国勤務期間中について課税されます。

▶　日本では，全額が課税されます。

▶　中国滞在期間中分は二重課税となるため，日本で外国税額控除を適用することができます。

解 説

1　帰任後支給賞与の中国での取扱い

中国から海外駐在員が出国後に，対応期間に中国滞在期間を含む賞与の支給があった場合，日数按分により課税することとされています。

2　日本での賞与の取扱い（海外赴任期間中を含む場合）

日本では居住者となった日以降に支給された賞与については，その対応期間に海外赴任期間中のものがあっても全額が課税されることとなっています（所法7①）。

3　日本での外国税額控除の適用

上記状況ですので，中国赴任期間分については二重課税が生じることとなります。

イメージ図

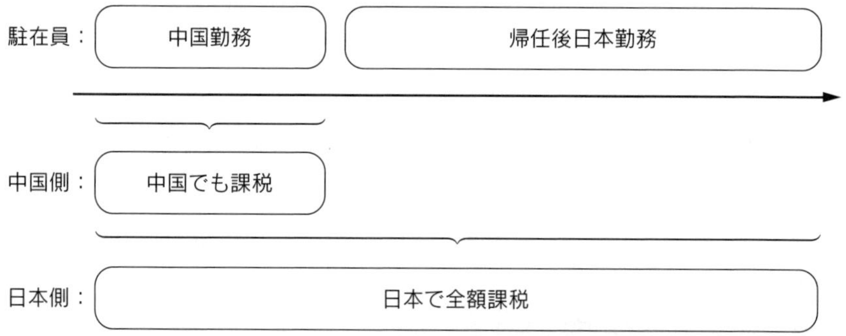

この部分については，日本で確定申告を行えば外国税額控除が可能です（所法95）。ただし，納付した年と，賞与の対応期間が異なる場合は対応期間年でまずは控除余裕額の繰越を行い，納税した年分の申告で外国税額控除を行う必要があります。

帰任

Q63　帰任後の退職金支給と海外勤務期間分

CHAPTER 2

中国駐在員に退職金を支給しようと思いますが，中国駐在中に支給してしまうと中国での税額が高額になるのではと危惧しており，日本本社帰任後に支給しようと考えています。日本本社帰任後に退職金支給をすれば中国での課税はないでしょうか？

結 論

中国駐在中に支給すると，中国で退職金について中国勤務対応期間分が中国国内源泉所得として課税されることとなります。また，中国には日本のような退職所得に対する控除計算がなく，給与として課税されるため，その税負担は高額となります。日本帰任後に支給するといった対策をとる企業もあります。

ポイント

▶　中国駐在中に退職金を支給すると中国勤務対応期間分について中国国内源泉所得として課税されます。

▶　日本に帰国後に，中国の非居住者となった年以後に，支給した退職金は，居住地国である日本のみで課税されることとなります（日中租税条約第18条（退職年金））。

解 説

①　退職金は給与課税

中国では日本の退職所得控除のような計算はありませんので，給与として課税され，税負担が高額となります。

② 中国国内勤務期間分が課税

中国国内勤務期間分が中国国内源泉所得として課税されます。

③ 帰国後支給

帰国後に中国の非居住者となった年に支給した場合，中国では非居住者の国内源泉所得に該当するため，課税はないこととなります。

帰任

Q64 海外出向中に開設した現地の預金口座，証券口座を通じた所得がある場合

CHAPTER 2

私は先月，４年の米国駐在から日本へ帰任しました。米国出向中に現地の預金口座及び証券口座を開設し，口座を解約することなく日本に帰国しています。

これらの口座を通じて，預金利息，社債利息及び株式や投資信託の譲渡益や配当金を受領する場合，日本での課税の取扱いを教えてください。なお，米国にある金融口座の残高は合計で約 3,000 万円相当です。

結 論

米国に保有する金融口座を通じて取得する利子，配当金及び株式などの譲渡益は確定申告を行う必要があり，これらの所得については銀行預金利息を除き，申告分離課税により 15.315 %の税率により所得税を，５%の税率により住民税を支払うことになります。なお，海外の預金口座を通じて受領する銀行預金利息は総合課税の対象となります。

ポイント

▶ 海外の金融口座を通じて保有する株式，投資信託及び公社債等から生じる所得は，全て申告分離課税の対象となります。

▶ 海外の銀行預金口座から受領する預金利息は，日本国内において支払を受けない，すなわち，日本の所得税が源泉徴収されていないことから，申告分離課税ではなく総合課税の対象となります。

▶ 海外に保有する金融口座の合計残高が 5,000 万円を超えると，所得税の

確定申告に併せ，国外財産調書を提出する必要があります。

解 説

1　公社債・株式等に係る課税の仕組み

平成 28 年 1 月 1 日から金融所得課税の一体化の改正法が適用され，これまで非課税とされていた公社債の譲渡益が株式等と同様に申告分離課税の対象となりました。また，公社債や株式が上場しているか否かで特定株式・特定公社債，一般株式・一般公社債という区分のなかで，

① 譲渡損益の通算

② 特定株式・特定公社債の譲渡損失のうち，日本国内の金融取引業者等に売委託して生じた損失は，利子所得及び配当所得との損益通算

③ 上記②の損益通算後も損失が残った場合は 3 年間の繰越

が可能となりました（措法 37 の 10，37 の 11，37 の 12 の 2）。

2　銀行預金利息の課税方法

利子所得（特定公社債等の一定の利息は除く）は，原則として総合課税の対象とされますが，日本国内において利子の支払を受ける際，利子所得の金額に一律 15.315 %（他に地方税 5 %）の税率を乗じて算出した所得税・復興特別所得税が源泉徴収され，これにより納税が完結する源泉分離課税の対象とされています。しかし，海外の金融機関を通じて取得する銀行預金利息は日本国内で支払を受けないため，原則どおり総合課税の対象となります。

3　国外財産調書の提出制度

各年の 12 月 31 日において，財産の合計額が 5,000 万円を超える国外財産を保有する日本の居住者は，その翌年の 3 月 15 日までにその国外財産の種類，数量及び価額などを記載した調書を住所地の所轄税務署長に提出する必要があります。国外財産調書を上記の期限内に提出しなかった場合，過少申告加算税

の加重や，罰則が適用されます。

上記の設例では，海外（米国）にある金融口座の合計残高が 3,000 万円相当のため，国外財産調書を提出する必要はありません。

帰任

Q65 日本に帰国後にW–8BENの作成・提出が求められる場合とは

CHAPTER 2

Q64のとおり，日本へ帰任後も米国駐在中に開設した金融口座について，引き続き保有することとしましたが，今回，口座を開設している金融機関からW–8BENという書類の提出を求められました。この書類は提出する必要がありますか？

また，提出しなかった場合，どのように取り扱われるのでしょうか？

結 論

W-8BENとは，米国における源泉所得税に対する受益者が米国非居住者であることを証する書面であり，米国内国歳入庁に対して所得の支払者（例：金融機関など）が提出を求められます。W-8BENを提出しない場合，米国に保有する金融口座を通じて取得する利子，配当などについて，米国国内税法に従って，収入金額の30％の源泉税が課せられます。また，W-8BENは米国が他の国々と締結している租税条約の恩恵（米国源泉税の軽減又は免税）の適用を受けることを請求するための書面でもあります。

ポイント

▶ 外国人が取得する利子，配当，ロイヤルティ及び年金などの米国源泉所得に対しては，原則として30％の税率で課税を受けます。

▶ 所得の支払者に対してW-8BENを提出すると，米国源泉所得について租税条約（本設例では日米租税条約）に基づく米国源泉税の軽減又は免除の特典を受けることができます。

▶ 所得の支払者に対してW-8BENを提出すると，米国国内法により米国に所在する銀行預金利息，米国の金融機関等を通じて取得する米国国外源泉所得の利息，配当及びロイヤルティについても米国源泉所得税は課されません。

解 説

1 W-8BEN提出の目的

所得の受益者（米国非居住者）が租税条約などに基づき，米国源泉所得税の軽減又は免除の特典を受けるために，利子・配当などの所得を取得する前に，所得の支払者（源泉徴収義務者）である米国金融機関などへ必要事項を記入のうえ，提出します。W-8BENの提出がないと所得の支払者は米国国内法に従い，30％の源泉所得税を徴収します。

下記のウェブサイトからW-8BENのFormをダウンロードすることができます。

http://www.irs.gov/pub/irs-pdf/fw8ben.pdf

2 W-8BENの有効期限

住所の変更など提出時に記載した情報の変更（change in circumstances）があれば，その都度，変更がない場合には，原則として3年毎の更新が義務付けられます。例えば，W-8BENの署名日が2023年7月1日の場合には，2026年12月31日まで有効となります。

3 W-8BENの記載方法

W-8BENの記載は，次のような手順で記入します。

① Part 1

Line 1：氏名を記入します。

Line 2：国籍を記入します。
Line 3：自宅の住所を記入します。
Line 4：Mailing address（Line 3 と同様であれば記載の必要なし）
Line 5：米国の社会保険番号又は米国の納税者番号を保有している場合は記入します。米国の納税者番号は Form W-7 で申請できます。
Line 6：日本の納税者番号（マイナンバー）を記入します。
Line 7：W-8BEN の提出先が金融機関の場合，その金融機関で保有する口座番号を記入します。
Line 8：生年月日を月-日-西暦の順番で記入します。

② Part 2
Line 9：租税条約の恩恵の適用を受けるために，Japan と記入します。
Line 10：取得する所得が利子や配当金などに限られる場合，記入する必要はありません。

③ Part 3
Sign Here の箇所に Form の記載内容が，事実と相違なく記入されていること証明するために署名します。
Date の箇所に署名した日付を月-日-西暦の順番で記入します。
Print name of signer の箇所に氏名をローマ字で記入します。

Column19 米国源泉所得を受領する法人は W-8BEN-E の作成・提出が求められる

W-8BEN は所得の受益者（米国非居住者）が租税条約などに基づき，米国源泉所得税の軽減又は免除の特典を受けようとする場合，利子・配当などの所得を取得する前に所得の支払者（源泉徴収義務者）である米国金融機関などへ必要事項を記入のうえ，提出する必要があり，これは Q65 の Answer で申し上げたとおりです。

しかし，このW−8BENは受益者が個人である場合に使用し，受益者が法人である場合は，W−8BEN−EというFormを使用します。W−8BEN−EはW−8BENが1ページから構成されているのと異なり，全8ページに及びます。

1ページ目のPart1.5の32もあるチェックボックスから，Formを作成する法人に該当するタイプを選択し，選択したタイプに応じて次の該当項目のページに進みます。

例えば，Formを作成する法人が，上場している一般的な製造会社であればPublicly traded NFFEをチェックし，Part XX IIIに進みます。

一方，どのタイプの法人を選択するか迷ってしまう法人として挙げられるのは，受動的収入の割合が全体の収入の50％以上で，受動的収入を発生させる資産の割合が全体の資産価額の50％以上である法人や第三者から資金を集め，投資運用等を行っている投資会社などが挙げられます。こうした法人は専門家にFormの作成を依頼するのが賢明かもしれません。なお，1ページ目のPart1.8に米国の納税者番号を記載する箇所がありますが，これは米国源泉所得の支払者から求められた場合を除き，9bの外国（ここでは日本）の法人番号を記載していれば，特に米国の納税者番号を取得する必要はないと思われます。

第3章

外国人社員等の税務上の取扱い

Q66　外国人採用時の注意点

CHAPTER 3

当社では，日本法人で外国人を新たに採用することとしました。通常の日本人社員採用の場合と比べて，事務手続上気を付ける点はどういった点でしょうか？

結論

日本で外国人を採用する場合，かならず在留カードを見て就労が可能か確認する必要があります。在留カードがない場合や，在留カードに就労が可能であることの記載がない場合，不法就労となる可能性があります。また，採用後は，在留資格に基づき必要に応じて，本人が，所属機関に関する届出や，在留期間の更新などを行う必要があります。

ポイント

- ▶ 外国人を採用する場合，在留カードの確認が必須です。
- ▶ 採用後も，本人の在留資格の区分に応じて，入国管理局への届出や，在留期間の更新等を行う必要があります。

解説

1　在留カードの確認

外国人採用の場合の手続的な注意点で，最も重要なものは在留カードの確認です。在留資格がなく，就労をした場合，不法就労となる可能性があり，事業主にもペナルティがありますので，必ず確認する必要があります。また，在留資格により，就労できる業務の範囲も異なりますので，採用企業で就労できる在留資格かどうかも確認する必要があります。

■イメージ図

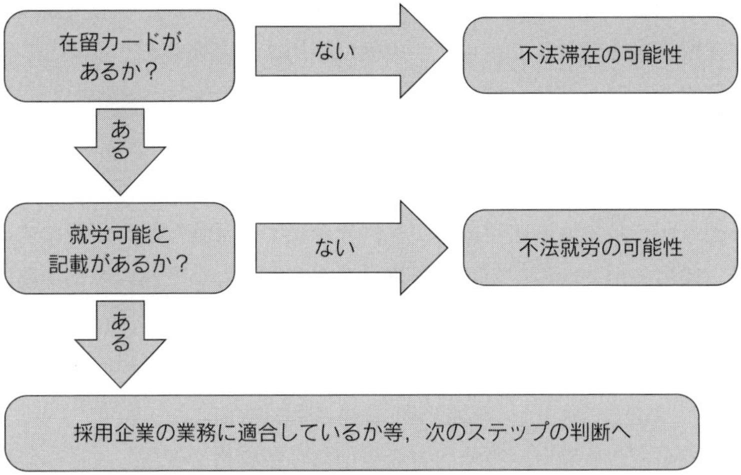

2　在留区分に応じて，入国管理局への届出，在留期間の更新

1の在留カードの確認は，当局によるPRも幅広く行われていますので，「在留カードがないと不法就労になる」という認識は，ある程度浸透しているようです。しかしながら，在留関係ではまだ，やるべきことがあります。在留カードが確認でき，めでたく採用となった場合も，採用後には，在留資格に基づき必要に応じて，本人が，所属機関に関する届出や，在留期間の更新などを行う必要があります。

具体的には，以下のような手続になります。

①　外国人が有している在留資格で採用先企業の業務に就労可能な場合，所属機関（就職先）に関する届け出を行って就職し，その後，在留期限が切れる前に在留期間の更新を行う必要があります。

→現在有している在留資格で就職が可能ですが，所属機関の変更を行って入社する必要があります（在留資格が「技術・人文知識・国際業務」，「経営管理」等の場合）。

② 外国人が有している在留資格では採用先企業での業務に就労できない場合，まず在留資格を変更してから，変更後に採用する必要があります。
→在留資格を変更しなければ入社できないこととなります（在留資格が「高度専門人材」，「社内転勤」等の場合）。

③ 外国人が有している在留資格が採用先企業での業務に就労可能ですが，その後，採用先企業が現在の在留資格にふさわしくない業務内容に業務内容の変更を行う場合，業務内容変更前に在留資格の変更を行い，在留資格変更後に業務内容を変更する必要があります（在留資格が「技術・人文知識・国際業務」で，就労したのに，途中から単純労働に従事させる場合等）。
→業務内容が変わる場合，業務内容変更前に在留資格を変更し，その後に在留資格を変更します。

	必要な手続	想定される在留資格，パターン
在留資格で，採用先企業に就労可能	所属先変更届	「技術・人文知識・国際業務」，「経営管理」等
在留資格では，採用先起業に就労不能	在留資格の変更	「高度専門人材」，「社内転勤」等
在留資格で就労可能だが，採用先起業が事業内容変更	在留資格の変更後に，従事業務内容の変更	当初，「技術・人文知識・国際業務」で就労したにもかかわらず，途中から単純労働に業務内容を変更する等

※上記は簡略化した例です。詳細は必ず在留資格に詳しい専門家に相談ください。

上記のとおり，関係はかなり複雑で，在留資格は多岐にわたり，専門家でないと判断や手続が難しい種類のもので素人判断は危険というべきものです。ゆえに，会社と相談して，在留資格の届出，変更，更新関係の業務は，必要に応じて在留資格に詳しい行政書士などを起用してもらうのが望ましいでしょう。

Q67 外国人（社員）の居住者・非居住者の判定

CHAPTER 3

当社はホテルを経営しており，旅行シーズンの 12 月から翌年 3 月までの間，外国人（日本非居住者）の期間社員 A を当初 4 カ月の予定で雇用しましたが，4 カ月経過後に契約期間を延長し，新たに 1 年間の雇用契約を締結しました。税務上の留意点を教えてください。なお，外国人の方は来日に併せて住民票を取得しています。

結 論

外国人社員 A は，雇用契約の期間が 4 カ月を予定して日本へ入国しているため，所得税法上，非居住者として取り扱われ，御社はその給与の支払に際し，20.42 %の税率で所得税を源泉徴収する必要があります。社員 A の所得税の課税関係はこの源泉徴収で完了し，新たに 1 年間延長した雇用契約の締結の日以降に支給する給与については所得税法上，居住者として取り扱われ，扶養控除等申告書の提出の有無に応じ所得税を源泉徴収し，年末調整も行います。

ところで，社員 A は当初，4 カ月の予定で 12 月に日本に入国し，住民票も取得しています。1 月 1 日に住民基本台帳に記録されている場合，所得税法上の居住者・非居住者に関わりなく，住民税の納税義務者となります。12 月支給の給与が住民税法の基礎控除額を超える場合は，住民税を納める必要が生じます。

ポイント

▶ 外国人社員 A は，来日後 4 カ月間は所得税法上，非居住者に該当することになります。

▶ 外国人の方は，新たに雇用契約を締結した日以後に支払を受ける給与から所得税法上，居住者として課税を受けます。

▶ 平成 24 年に住民基本台帳法が改正され，3 カ月超の在留資格をもって日本に入国する外国人は，住民基本台帳に登録され，住民票が交付されます。
1 月 1 日に住民基本台帳に記録されていると，所得税法上の非居住者であっても，住民税の納税義務者となります。

解 説

1 非居住者の判定と源泉徴収税額

所得税法第 2 条第 1 項第 3 号は，居住者とは日本「国内に住所を有し，又は現在まで引き続いて 1 年以上居所を有する個人」と規定しています。したがって，当初，4 カ月の雇用契約により来日した外国人社員 A は，住民基本台帳に登録の有無，社会保険に加入しているかどうかに関わらず，所得税法第 213 条，復興財源法第 28 条の規定により，20.42 %の税率で所得税を徴収され，当該源泉徴収により課税関係は完了します。

2 居住者と源泉徴収税額

新たに雇用契約を締結したことにより，外国人社員 A は国内において継続して 1 年以上居住することが必要とする職業を有することになるので，雇用契約を締結した日以後に支払を受ける給与から居住者として課税を受けることになります。この場合，新たに雇用契約を締結した日以後の給与の支払を行う日までに，社員 A から給与所得者の扶養控除等申告書の提出がなされたときは，給与支給額を対象に月額表の甲欄による源泉徴収を行います。

3 住民税の納税義務者の範囲

地方税法第 294 条は，市町村税の納税義務者等の範囲を規定しています。同法第 2 項で，「市区町村に住所を有する個人とは，住民基本台帳法の適用を受ける者については，当該市町村の住民基本台帳に記録されている者をいう」と規定しています。住民基本台帳法の適用を受ける者とは，具体的に中長期滞在者，特別永住者などを指し，中長期滞在者とは，3カ月超の在留期間の資格をもって日本国内に滞在する者を指します。日本に3カ月超の在留資格で入国すると，住民基本台帳に登録され，住民票（住民カード）が交付されます。この結果，設例のケースでは1月1日に住民基本台帳に登録されることとなり，所得税法上は非居住者に該当しても，住民税の納税義務者となるケースが生じます。

4　租税条約の適用

Q3で記載のとおり，2023年9月現在，日本の締結した二国間租税条約で，二重課税の回避と脱税の防止を主な目的とするものは85本，153カ国に適用されています。この租税条約のなかには対象とされる税目が所得税に限らず住民税が含まれている条約もあります。一般的に租税条約の第2条で対象税目が規定されており，ここで住民税が含まれている国としてアイルランド，イギリス，ドイツなどが挙げられます。他方，住民税が対象税目として含まれていない国として米国，カナダ及びオーストラリアなどが挙げられます。したがって，外国人社員Aがアイルランド又はイギリスなどの対象税目に住民税を含めている租税条約の相手国の居住者である場合は，納税地の市区町村に対して租税条約の適用を受けるためアイルランド又はイギリスの居住者（生活の本拠地）であることを記載した書面を提出すれば，日本の居住者には該当せず住民税も課されないと考えます。

Q68 非居住者の国外払いの給与について

CHAPTER 3

当社では，9カ月間の契約で国外企業から外国人従業員（非居住者）を受け入れ，国内で当社のために勤務してもらいました。この間，外国人従業員には，当社から支給される給与とは別に，国外企業から留守宅手当として，給与が支給されていました。この国外企業から支給されていた給与について，日本で申告・納税する必要はありますか。

結 論

国外企業からの留守宅手当は，外国人従業員が日本国内での勤務に基づいて国外企業から支払われているものですので，日本の国内源泉所得に該当します。

日本の締結した二国間租税条約では，給与規定で短期滞在者の免税規定を設けているのが一般的ですが，滞在期間が9カ月間と予定されていることから，免税には該当しません。

非居住者に対して，国内で支払われた給与については，国内の支払者に源泉徴収義務があり，20.42％の源泉分離課税がされ，課税関係が完了します。

しかし，国外で支払われたものについて，国外の支払者に日本の所得税の源泉徴収義務がない場合には，非居住者本人が，所得税法第172条の申告書を提出し，準確定申告を行うことで源泉徴収分20.42％を納税する必要があります。

ポイント

▶ 非居住者が国外で留守宅手当等の給与を国外企業から受け取っている場合には，国内源泉所得として日本国内での課税の対象になります。

▶ 非居住者が日本国内での勤務に基づいて支給された給与は，分離課税により源泉徴収で課税関係が完了します。

▶ ただし，非居住者が支払を受ける給与等について，源泉徴収を受けない場合には「所得税法第 172 条第 1 項に規定する申告書」を提出する必要があります。

解 説

1 非居住者への課税方法

非居住者の課税所得は，所得税法第 161 条に列挙されている国内源泉所得に限定されています。また，課税方法は，所得税法第 164 条に規定されており，国内において行う勤務に基因する給与等については，分離課税により課税されます。

一般的に留守宅手当は，日本で支給される給与との較差補填として本国で支給されていることが多く，その支給は日本国内での勤務に基づき支給されるもののため，国内源泉所得に該当し，日本での課税対象となります。

ただし，国内源泉所得に該当しても，外国人従業員が日本と租税条約を締結している国から派遣され，日本の当社で支払っていない給与については，短期滞在者免税の適用により日本で課税が免除となるケースもあります。

2 源泉徴収義務

非居住者に対して国内で給与を支払った場合においては，支払者は 20.42 % の源泉徴収税率により所得税を源泉徴収し，支給日の翌月 10 日までに納付しなければなりません。ただし，国外において，給与が支払われている場合には，その支払者が国内に住所や恒久的施設等を有しない限り，国外支払者に源泉徴収義務は生じません（所法 212）。

3　所得税法第 172 条の申告書

非居住者が国内源泉所得である給与を受け取っており，その給与について源泉徴収がされていない場合には，「所得税法第 172 条第 1 項に規定する申告書」を提出しなければなりません。

この申告書は，通常提出する確定申告書とは独立した申告書であり，給与以外に不動産所得等がある場合には，別途通常提出する確定申告書も提出する必要があります。また，非居住者に対する給与所得については給与所得控除の適用はなく，「所得税法第 172 条第 1 項に規定する申告書」を提出するにあたっては，基礎控除等の所得控除，税額控除も控除せずに税額計算をします（所法169）。

Q69　非永住者の送金の範囲について

CHAPTER 3

　3年の契約で日本へ派遣された外国人従業員が，日本勤務に基づく給与所得（国内払い分700万円・国外払い分300万円）とは別に本国で不動産収入（国外源泉所得）を得ています。その外国人従業員が外国金融機関のクレジットカードを日本国内での買い物等により使用した場合，非永住者の国外源泉所得の送金として，課税所得に含める必要がありますか？

結論

　非永住者の課税所得の範囲は，国外源泉所得以外の所得及び国外源泉所得で国内において支払われ，又は国外から送金されたものです。例えば，国外で不動産所得を有する非永住者がクレジットカードを経由して国外にある預金等を国内で使用した場合には，国外源泉所得の送金と同様の効果があるため，その送金額は日本で非永住者の課税対象に含まれることになります。

　ただし，国外で支払われた国内源泉所得が海外口座にある場合には，送金額がその国内源泉所得の金額（今回のケースでは300万円）を超えない限り，課税対象にはなりません。

ポイント

▶　非永住者の課税所得の範囲は，国外源泉所得以外の所得及び国外源泉所得で国内で支払われた，又は国内に送金されたものとなります。

▶　国内に送金されたものの範囲には，金銭の送付だけでなく，有価証券・貴金属の送付，外国口座を通じての立替払い等も含まれます。

▶ 留守宅手当等，国外払いの国内源泉所得がある場合には，日本への送金額がその国外払いの国内源泉所得の金額を超えない限り，国外源泉所得のうち国内に送金されたものとして日本での課税所得の範囲とする必要はありません。

解説

1　非永住者の課税所得の範囲

非永住者の課税所得は，所得税法第 95 条第 1 項に規定する国外源泉所得以外の所得及び国外源泉所得で国内において支払われ，又は国外から送金されたものと規定されています（所法 7)。このうち，国外から送金されたものについては，金融機関等を利用して行う通常の海外送金だけでなく，自己又は，第三者が国内へ貴金属，有価証券等を国内に持ち込んだ場合や，国内にある借入れの弁済に国外にある自己の預金等を充てた場合等の通常の海外送金に代えて行われたと認められるものも含まれます（所基通 7-5)。

2　送金があった場合に課税される国外源泉所得の範囲

非永住者が送金を受けた場合でも，その送金額全てが課税所得とされるわけではありません。国外払いの国外源泉所得以外の所得がある場合には，まずその国外払いの部分から送金があったものとして計算します。国外払いの国外源泉所得以外の所得の金額を超えて送金があった場合には，その超えた部分についてのみ国外源泉所得の送金があったものとして，課税所得の計算をします（所令 17)。

また，過去の収入等により積み立てられた国外の預金があったとしても，その年に国外源泉所得を有していると，その預金口座から日本へ送金がなされるとその年に得た国外源泉所得から送金されたものとして課税所得の計算をすることになります。一方，その年に国外源泉所得を有していない場合には，国外の預金口座からの送金について課税されることはありません。

Q70 海外で社会保険料を支払った場合

CHAPTER 3

2年間の契約でフランス人従業員が当社に派遣されました。そのフランス人従業員が，日本に派遣された後も，フランスで社会保険料を支払っています。このフランスで支払っている社会保険料を日本の確定申告等で，社会保険料控除を適用することはできますか？

結 論

日本居住者が，フランスにおいて，日本の国民健康保険のような社会保障制度に対して支払う保険料を支払っていた場合には，確定申告をすることで，そのフランスで支払った保険料を社会保険料控除として，所得の金額から控除することができます。

これは日本がフランスとの間で締結した租税条約のなかで規定され，こうしたお互いの国で支払った社会保険料の所得控除を認め合う規定を設けている租税条約は2022年末時点では日仏租税条約のみとなります。そのため，フランス以外の国で社会保険料を支払っていたとしても，その保険料については，日本で社会保険料控除の適用を受けることはできません。

ポイント

▶ フランスで社会保険料を支払っている場合には，社会保険料控除の適用があります。
▶ 適用を受けようとする場合には，確定申告を行う必要があります。
▶ 2022年末時点では，フランス以外の国の社会保険料には，適用がありません。

解 説

1 社会保険料控除

平成19年1月11日にパリにおいて署名された日仏改正議定書で，相手国の社会保障制度に対して支払う保険料について，自国で所得控除を相互に認める措置が導入されました。これにより，例えば，日本で勤務するフランス人従業員が，フランスで，日本の国民健康保険のような社会保障制度に対する保険料を支払っている場合には，厚生年金保険法の標準月額報酬等を基に計算した一定の金額を上限に社会保険料控除として，所得控除できるようになりました(実施特例法5の2)。

2 適用を受けるための手続

この社会保険料控除の特例は，所得税法第188条「給与等から控除される社会保険料等がある場合の徴収税額の計算」，所得税法第190条「年末調整」及び所得税法第196条「給与所得者の保険料控除申告書」などの通常の給与計算，年末調整の対象外となるため，確定申告により保険料を控除する必要があります。

また，この特例の適用を受けようとする場合には，その適用を受ける年分の確定申告書に，「保険料を支払った場合等の課税の特例の届出書」と社会保障制度に係る権限のある機関（日本の場合には，日本年金機構）が出す「適用証明書」，「保険料の金額を証する書類」を添付し，その適用を受ける年分の翌年3月15日までに提出する必要があります（実施特例法令6の2)。

Q71 外国人（研修生等）に対する給与等の取扱い

CHAPTER 3

当社では，インドネシア，ベトナムの現地子会社で採用したインドネシア人社員及びベトナム人社員を１年の予定で当社の技術研修生として受け入れることになりました。各々の国との間で締結した租税条約のなかには研修生等に関する免税規定を設けている条約もあると聞きましたが，具体的な内容について教えてください。

結 論

日本がインドネシアと締結した租税条約には研修生に関する規定が設けられており，日本における研修期間が１年以下で研修先である日本の当社及びインドネシア現地子会社から受領する給与等の金額の合計額が180万円以内であれば所得税が免除されます。しかし，租税条約の対象税目に住民税が含まれていないため，１月１日に住民基本台帳に登録されていると住民税の納税義務が発生します。一方，日本とベトナムが締結している租税条約にも研修生に関する規定が設けられていますが，所得税が免除されるのはベトナムからの送金（すなわち，ベトナム現地子会社が給与等を支給）された給与に限定しているものの，対象税目には住民税を含んでいます。

このように同じ技術研修生を海外子会社から受け入れるに際しても，研修生の居住地国と日本との間で締結された租税条約の内容により，所得税及び住民税の免除の範囲が大きく異なってきます。

ポイント

国内法では研修生等が受領する給与等に対する所得税の免税規定は特に定めていないため，日本・インドネシア租税条約第 2 条及び第 21 条，日本・ベトナム租税条約第 2 条及び第 20 条を確認します。

解 説

1　日本・インドネシア租税条約第 21 条（学生）の確認

海外子会社から日本に研修生を受け入れている場合，滞在場所として社員寮等の提供，食事の支給，通勤交通費のほか日本国内で生活するために必要最低限な手当を支給することは一般的です。こうした経済的利益の供与は日本国内における勤務等に基づいて受けることとなるので，国内源泉所得に該当し，日本で課税を受けることになります。しかし，日本・インドネシア租税条約第 21 条第 2 項の規定では，研修生が受け取る給付又は給与で一定の金額は所得税を免除すると定めています。今回のケースに当てはめてみると，研修生の滞在期間が，専ら，技術上，職業上又は事業上の経験の取得のため 12 カ月間を超えない一時的な滞在で，その期間の給付又は給与の金額が 180 万円以内（日本及びインドネシアでの支給額の合計）であれば，所得税が免除されます。所得税の免除を受けようとする技術研修生は，租税条約の適用による源泉所得税の免除を受ける届出書を，当社を通じて，当社の所轄税務署長に提出します。

しかし，技術研修生が 1 月 1 日，現在に住民基本台帳に登録されていると，その前年に日本滞在中において受領した所得について住民税の納税義務が発生します。例えば，本年の 2 月から翌年の 1 月まで日本に滞在したと仮定すると，本年の 2 月から 12 月までの間に受領した給与について，日本の住民税が課されることになります。

2　日本・ベトナム租税条約第 20 条（学生）の確認

日本・ベトナム租税条約第 20 条の規定では，事業修習者で，専ら教育又は訓練を受けるため生計，教育，訓練のために受け取る給付については，ベトナムからの送金に限り，所得税を免除するとしています。したがって，当社が研修生に対して給与又は給付を行う場合，居住者又は非居住者として所得税を源泉徴収する必要があります。なお，租税条約の対象税目に住民税が含まれているため，技術研修生は，租税条約の適用による源泉所得税の免除を受ける届出書を当社又はご自身で住民票が登録されている市区町村へ提出すれば，1 月 1 日に住民基本台帳に登録されていても住民税が課されることはありません。

Q72 年の途中で帰国する外国人社員の取扱い

年の途中で帰国する外国人社員がいます。帰国に際し，会社としてはどのような対応をすればよいでしょうか？　また，どのような場合に外国人社員は確定申告を行う必要があるでしょうか？

結 論

年の途中において1年以上日本を離れて帰国する外国人社員は，出国する日までが日本の居住者となります。そのため，会社側の対応として，出国する日までに支給する給与等を対象として，年末調整を行う必要があります。

もっとも，年末調整となる所得控除のうち，社会保険料や生命保険料，地震保険料といった物的控除は出国までに支払った金額のみが対象となります。扶養控除や配偶者控除といった人的控除は，出国の日の現況に基づいて1月1日～12月31日までの合計所得金額を見積もり，判断する必要があります。

また，住民税は所得税と異なり，前年の所得に対して課税されます。そのため，本人に住民税の支払義務が残った状態で年の途中で帰国することのないよう，一定の手続きを行う必要があります。

ポイント

▶　会社側としては，帰国前に出国する日までに支給する給与等を対象として，年末調整を行う必要があります。

▶　外国人社員が帰国した後に源泉徴収の対象となる給与等が支給されないこと等により，住民税の支払義務が残った状態とならないために，出国に際して会社側で一括徴収するか，本人が直接納付を行う必要があります。

解 説

1　年末調整

年の途中で1年以上日本を離れて帰国する予定の外国人社員は，出国した翌日から日本の所得税法上の非居住者として取り扱われます（所法2,所令14,15,所基通3－3）。そのため，外国人社員が扶養控除等（異動）申告書を提出しており，その年の年末調整の対象となるその年中に支払うべきことが確定した給与等の支給額が2,000万円以下である場合は，給与等の支払を行う会社は，出国する日までに年末調整を行う必要があります（所法7,121）。

2　所得控除の取扱い

外国人社員が居住者であった期間に支払われた社会保険料，生命保険料，地震保険料が控除対象となるため，出国の日までに支払った金額が所得控除の対象となります（所法190）。また，扶養控除や配偶者控除といった人的控除は出国の日の現況で判断します（所基通85－1）。すなわち，控除対象配偶者や扶養親族に該当するかどうかは，出国の日の現況によりその年の1月1日～12月31日までの合計所得金額を見積もり，判断する必要があります。もっとも，医療費控除や寄付金控除は年末調整では行うことができないため，外国人社員が自ら確定申告を行う必要があります（所法73,120,127）。

3　住民税の納付について

住民税は，1月1日現在，日本に住所があり，前年に一定額以上の所得があった人に所得に応じて均等割や所得割が課税されます。住民税は前年の1月～12月の所得を基に計算され，当年の6月から翌年5月支給の給与から源泉徴収されます。

そのため，年の途中で外国人社員が帰国し，源泉徴収する対象となる給与が支給されない場合は住民税の徴収ができません。そのため，このような住民税の納付漏れを防ぐために，次の方法があります。

(1)　残りの住民税（特別徴収税額）の一括徴収

出国後も給与等が支給され，特別徴収が継続される場合には特に手続は必要ありません。しかし，退職により給与等の支給が継続されない場合には，本人の申出に基づき，退職時に支給する給与や退職金から残りの住民税を一括して徴収することができます（※　毎年6月分の給与等から前年の所得に基づく住民税が源泉徴収されるため，外国人社員が1～5月に退職する場合は，本人の申出の有無に関わらず，原則，一括徴収を行う必要があります)。

(2)　給与所得者異動届出書の届出

退職し，帰国する外国人社員について，帰国する前に「給与所得者異動届出書」を市区町村に届け出る必要があります。

(3)　納税管理人の選任

帰国する外国人社員で，日本から出国するまでの間に住民税を納めることができない場合は，出国する前に，日本に居住する人の中から，自身に代わり税金の手続を行う方（納税管理人）を定め，市区町村に届け出る必要があります。

Q73 外国人従業員の帰国後の住民税の納付について

CHAPTER 3

外国人従業員が帰国したため，その外国人との雇用契約に基づき，会社が納税管理人に就任し，その帰国した従業員に課せられた住民税を会社が負担しました。会社が納税管理人として行っているのですが，課税関係は生じますか？

結論

雇用契約に基づき，帰国した外国人従業員の住民税を会社が負担して納付した場合には，納税管理人として行ったとしても，給与所得として課税されます。また，日本駐在中の勤務に基因して出国後に支給する給与に該当する場合，20.42％の税率で所得税を源泉徴収する必要があります。

ポイント

▶ 納税管理人とは，税務署等からの書類の受領，申告書等の提出，納税・還付金の受領等の手続を日本から出国した納税義務者の代わりに行うための代理人をいい，納税義務は納税管理人に承継されません。

▶ 従業員が負担すべき税金や社会保険料を会社が負担した場合には，従業員へ経済的利益の供与があったとして，給与所得として課税されます。

▶ 会社が雇用契約に基づき，日本の勤務期間に基因して住民税を負担する場合，従業員が出国しているため，非居住者に対する給与の源泉徴収となり，20.42％の税率で所得税を源泉徴収する必要があります。

解 説

1 納税管理人

個人である納税者が日本国内に住所及び居所を有しないこととなる場合において，納税申告書の提出その他国税に関する事項を処理する必要がある場合には，納税管理人を定めなければなりません（通法117）。

また，納税管理人は，国税に関する法令に基づく申告，申請，請求，届出その他書類の作成並びに提出，税務署長等が発する書類の受領，国税の納付及び還付金等の受領を出国する納税義務者に代わって行うために就任するものの，納税義務は承継しません。

2 税金等を会社が負担した場合の課税関係

従業員が負担すべき税金や保険料を会社が負担した場合には，自己の債務を他人に負担してもらっていますので，経済的利益の供与があったものとして所得税の収入金額に算入されます（所法36）。また，会社が外国人従業員の負担すべき税金等を負担したことは，あらかじめ雇用契約などで会社が負担することとしている場合，給与の性質を有しているため，給与所得として課税されます。

3 源泉徴収税率

今回，会社が負担する住民税は，外国人従業員が帰国時又は帰国後に納税すべき税金になりますが，雇用契約に基づいて会社が負担していることから，外国人従業員の日本勤務期間に基づく経済的な利益の供与と考えられます。そのため，この住民税が負担されたことによる経済的利益の供与は，国内源泉所得に該当します（所法161①十二）。

また，今回の給与は，外国人従業員が帰国後に支払われた給与となります。そのため，非居住者に対しての国内源泉所得の支払となりますので，会社は，源泉徴収税率 20.42 %で所得税の源泉徴収をする必要があります（所法 212, 213)。実務上は，帰国前に住民税負担額を計算し，外国人従業員が国内で受け取る最終月の給与にグロスアップして支給することがあります。

Q74 厚生年金の脱退一時金を受け取った場合について

CHAPTER 3

外国人従業員が退職・帰国し，厚生年金の脱退一時金を取得しました。この脱退一時金に課されている源泉徴収税額について，還付を受けることができると聞いたのですが，どうすればいいでしょうか？

結 論

外国人従業員が退職・帰国した場合に支給される厚生年金の脱退一時金は，退職所得に該当します。非居住者の退職所得は，退職所得控除を適用することなく支給額全額に対して，20.42％の源泉分離課税により，課税関係が完了します。そのため，退職所得の選択課税申告書を提出することで，退職所得控除を適用して税額計算をすることができ，源泉徴収税額の還付を受けることができます。

ポイント

▶ 外国人従業員が退職・帰国した場合には，厚生年金の脱退一時金を請求できます。

▶ 退職所得の選択課税申告書を提出すれば，源泉徴収税額の還付を受けられます。

解 説

1 厚生年金の脱退一時金の課税関係

一定期間保険料を納付した外国人従業員が退職・帰国し，国民年金，厚生年金保険等の被保険者資格を喪失しても，出国後２年以内に請求をすれば，厚生年金の脱退一時金の支給を受けることができます。この厚生年金の脱退一時金は，退職所得に該当します。非居住者の退職所得として，支給額全額に対して，20.42 %の源泉分離課税により，課税関係が完了します。

2　退職所得の選択課税

非居住者が退職所得を受け取った場合には，退職所得の選択課税申告書を提出することにより，居住者としてその退職所得を受け取ったものとみなして，支給額から退職所得控除額を差し引いた金額に対して，所得税法第 89 条の税率を乗じて所得税額を計算することができます。また，退職所得の選択課税により税額計算するにあたっては，基礎控除等の所得控除，税額控除も控除せずに税額計算をします（所法 171）。

この申告書は，通常提出する確定申告書とは独立した申告書であり，他に申告すべき所得がある場合には，別途通常提出する確定申告書も提出する必要があります。

Q75　国外扶養親族の判定

CHAPTER 3

当社の従業員には，国外に扶養親族がいる者がいます。国外の扶養親族を所得税法上，扶養親族とすることは可能なのでしょうか？　また，要件などは日本国内の扶養親族と同様でしょうか？

結論

国外の扶養親族も要件を満たせば，所得税法上扶養親族とすることが可能です。ただし，国外扶養親族の場合，国内の扶養親族の場合の要件に加え，源泉徴収義務者へ国外扶養親族の証明する書類の提出が必要になっています。具体的には，①親族関係証明書類，②送金関係書類が必要となっており，毎月の源泉徴収時は①，年末調整時は②，確定申告時には，①，②が必要となっています。

国外の扶養親族も提出書類以外の親族要件，所得要件などは，国内の扶養親族と同様です

ポイント

▶　国外の親族でも，要件を満たせば国内居住親族同様，扶養控除の適用を受けることができます。

▶　ただし，国外扶養親族の場合，一定の書類の提出が必要です。

▶　毎月の源泉徴収，年末調整の場合は，源泉徴収義務者に，確定申告の場合は，税務署へ提出が必要です。

解 説

所得税の人的控除については，国外扶養親族であっても要件を満たせば適用を受けることができます。ただし，扶養関係を証明するため，①親族関係証明書類，②送金関係書類（2023年以降一定の国外扶養親族は年38万円以上の送金書類が必要）の提出が必要となっています。提出のタイミングは，年末調整を行う場合は，扶養控除申告書提出時と，年末調整時，年末調整を行わず確定申告を行う場合は，確定申告時に税務署へ提出することとなっています。書類は日本語翻訳の必要があります。

必要書類の具体例

書類	具体例
親族関係書類	戸籍の附表，外国政府が発行した書類
送金関係書類	送金時の銀行関係書類（現金手渡しは不可）

提出書類の時系列イメージ

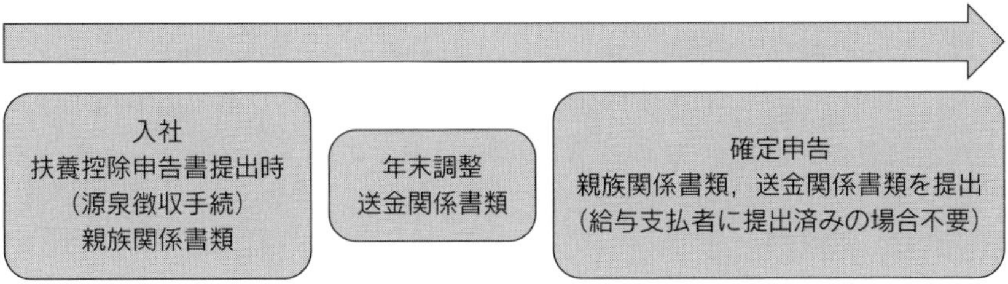

Q76　所得税国外居住親族改正

CHAPTER 3

令和５年１月より所得税の国外居住親族の規定について，改正があったと聞きました。これはどういう改正でしょうか？　また，従来と比べてどういった点に気を付ければよいでしょうか？　また，実際の扶養家族口座への送金については，日本から送金すると送金手数料がかかるため，扶養者の海外の口座から，国外居住親族の口座に送金しても良いでしょうか？

結 論

今回の改正は，従来の①親族関係書類，②送金関係書類の資料添付に加えて令和5年1月より30歳以上70歳未満の扶養親族については，送金関係書類が38万円以上送金したことを明らかにする書類を添付することが必要になったというものです。従来は送金書類さえ出せばよく，金額の要件はなかったため今回の改正で一定の国外居住親族について扶養控除の適用を受けるには，38万円以上の送金が義務付けられたということになります。

また，口座については国内の金融機関口座から海外への送金が求められているため，海外から海外へ送金している場合は要件に該当しないこととなります。

ポイント

▶　国外居住親族に新たな要件が追加されました。

▶　新たな要件は30歳以上70歳未満の扶養親族は，38万円以上の送金を行うことと，その送金資料の源泉徴収義務者（勤務先の法人）への提出が義務となったというものです。

▶ 送金は国内の被扶養者の口座から，国外居住親族の口座に送金をする必要があります。

解 説

1 制度と改正概要

所得税の扶養控除は，扶養親族が非居住者であっても要件に該当すれば控除可能でしたが，国外に居住する扶養家族については，少し前の改正により①「親族関係証明書類」，②「送金関係書類」の源泉徴収義務者への提出が必要とされていました。令和5年1月より，一定の国外居住親族については，より厳格な資料提出が必要となりました。

2 30歳以上70歳未満の者は，留学生等を除き38万円の送金書類が必要

具体的には，まず国外居住親族を年齢で，①16歳以上30歳未満の者，②70歳以上の者，③30歳以上70歳未満の者に分けます。そのうち，③の「30歳以上70歳未満の者のうち，留学等に該当しない者（すなわち一般的な国外居住親族）は，従来から必要とされていた「送金関係書類」について，「38万円以上送金したことを明らかにする書類」を提出しなければならないこととなりました。要は，「30歳以上70歳未満の現役世代の国外扶養親族は，単純に送金しているだけでは不可。年間38万円以上送金していないと扶養控除は受けられませんよ」という改正です。

令和5年中に送金している必要がありますので，該当する国外居住親族がいる方は，令和5年中に38万円以上送金し，その書類を年末調整時に提出しなければならないことになります。なお，配偶者控除に関しては，38万円送金書類は不要ですので従来の書類で問題ありません。

3　国外→国外の送金は不可（日本の金融機関からの送金が必要）

なお，日本の口座から海外へ送金すると，当然ながら国内間より多く手数料がかかります。この場合，日本の納税者本人が外国人で本国に口座を持っているため，海外から海外へ送金することで要件を満たせないかというアイデアを出された方がいます。このアイデアは，海外勤務や実際に海外送金の経験がある方は気持ちがよくわかると思うのですが，海外送金が面倒かつ，手数料も高額であるためこういった方法はどうかと考えられたものと思います。

しかしながら，法令に「国外送金等に係る調書の提出に関する法律に規定する金融機関（すなわち日本の金融機関）が行う為替取引（日本の金融機関が行う国内取引）による書類」と明記されており，日本の金融機関が行った国外送金でなければ要件に該当しないこととなっているため，要件を満たさないこととなります。

イメージ図

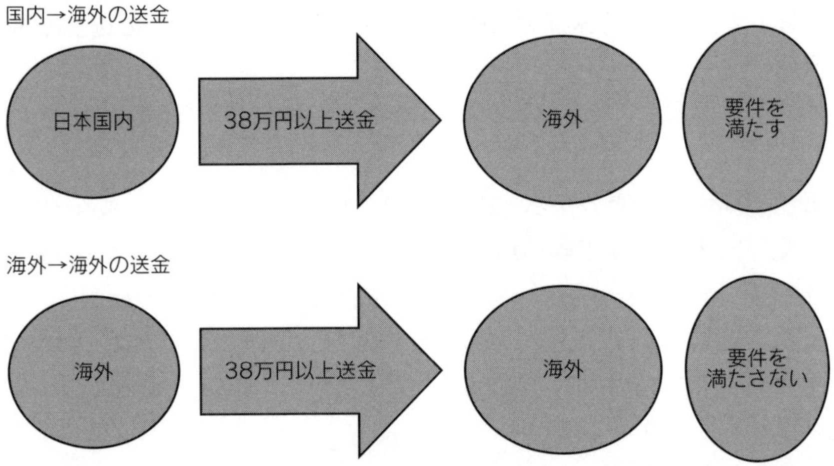

Q77　中国人留学生の所得税免税

CHAPTER 3

弊社では人手不足のため，学生のアルバイトに働いてもらっています。この度，優秀な中国人留学生を採用できたのですが，留学生をアルバイトで使っても大丈夫でしょうか？　また，留学生の場合，税制上の優遇措置があると聞きましたが，それはどういったものでしょうか？

結論

留学生でも，資格外活動許可をとっていれば，週に28時間以内であれば通常はアルバイトが可能です。資格外活動許可の有無は在留カードの裏面に記載があります。所得税については，日中租税条約第21条で免税の規定がありますので，税務署に租税条約に関する届出書を提出すれば，所得税の源泉徴収は不要となります。なお，届出には在学証明書などの添付が必要とされています。ゆえに，留学生であっても，必ず在留カードの確認と税務署への届出書の提出はするようにしてください。

ポイント

- 留学生の就労は可能ですが，資格外活動許可を得ている場合のみ可能です。
- 資格外活動の許可は在留カードの裏面に記載されています。
- 租税条約に関する届出書を提出すれば，所得税は免税となります。

解 説

1　資格外活動許可（入管法）と在留カード裏面の確認

留学生は，出入国在留管理庁に，資格外活動許可の申請をして許可を受ければ週 28 時間以内であれば就労が可能となります。許可を受けていない場合，アルバイトであっても不法就労となりますので，注意ください。なお，許可を受けていれば在留カードの裏面に，「許可；原則　週 28 時間以内」と書かれたハンコがおされていますので，そちらを確認するようにしてください。

【出入国管理庁ホームページ】
「留学」の在留資格に係る資格外活動許可について | 出入国在留管理庁（moj.go.jp）

2　所得税免税

留学税の所得税については日中租税条約で免除とされています。当該免除を受けるためには，租税条約に関する届出書の提出が必要とされていますので，添付資料である在学証明書とともに提出する必要があります。

【国税局ホームページ】　学生のアルバイト代｜国税庁（nta.go.jp）
［手続名］租税条約に関する届出（教授等・留学生・事業等の修習者・交付金等の受領者の報酬・交付金等に対する所得税及び復興特別所得税の免除）｜国税庁（nta.go.jp）

イメージ図

中国人留学生採用時の注意点

	入管法	所得税
必要な手続	資格外活動許可の申請	租税条約に関する届出書の提出
注意点	許可がなければ就労不可。 許可を得ても通常週 28 時間以内。 在留カードの裏面で確認可能。	在学証明も添付

索　引

【A～Z】

【あ行】

【か行】

【さ行】

【た行】

【な行】

【は行】

【ま行】

【や行】

【ら行】

【参考文献】

プライスウォーターハウスクーパース『中国税務総覧』（第一法規）

日本税理士連合会『税務六法』（ぎょうせい）

佐和　周『国際税務のよくあるケース 50』（中央経済社）

川田　剛『Q＆A　海外勤務者に係る税務（第３版）』（税務経理協会）

品川芳宣『現物給付課税の実務』（法令出版）

森村　元『中国子会社の清算・持分譲渡の実務』（税務経理協会）

藤井　恵『中国駐在員の選任・赴任から帰任まで完全ガイド』（清文社）

池田博義『決定版　日中新法制度下のビジネス再構築』（大蔵財務協会）

デロイト・トーマツ中国サービスグループ『中国の投資・会計・税務 Q&A（第七版）』（中央経済社）

税理士法人山田＆パートナーズ『国際相続の税務・手続 Q＆A』（中央経済社）

三輪壮一・並木宏仁『海外相続ガイドブック　プランニングおよび相続実務における Q＆A66』（きんざい）

牧野好孝『事例でわかる国際源泉課税』（税務研究会）

米国内国歳入庁ホームページ：

https://www.irs.gov/individuals/international-taxpayers/streamlined-filing-compliance-procedures

https://www.irs.gov/individuals/international-taxpayers/substantial-presence-test

在米国日本国大使館ホームページ：

https://www.us.emb-japan.go.jp/

日本国国税庁ホームページ：

https://www.nta.go.jp/

日本国年金機構ホームページ：

https://www.nenkin.go.jp/

執筆者紹介

徳山　義晃（税理士）

シニアマネージャー　税理士法人山田＆パートナーズ

立教大学経済学部卒業後，米国系銀行入行。同銀行でトレジャリーグループ外国為替資金部で外国為替，資金及びオプションなどのデリバティブ取引の業務に従事。その後，税理士法人山田＆パートナーズに入所し，これまで国際取引，海外に子会社を有する法人及び外資系企業などに対して海外現地法人の設立・清算，事業再編及び移転価格，タックスヘイブン対策税制など広範な税務アドバイスを実施。また，国際相続・贈与に関わる様々なアドバイス，海外への投資・資金の移転に関する税務アドバイスも行っている。

小磯　沙織（公認会計士・税理士）

シニアマネージャー　税理士法人山田＆パートナーズ

大阪大学法学部卒業後，2009 年公認会計士登録。大手監査法人において外資系企業を中心に法定監査ならびに内部統制監査に従事。その後，2011 年に税理士法人山田＆パートナーズに入所し，国境をまたぐ相続・贈与・個人所得税に関わる様々なアドバイス，海外への投資や海外から日本への資金移転に関する税務アドバイスも行っている。

岩崎　理恵（税理士・米国税理士）

マネージャー　税理士法人山田＆パートナーズ

2013 年 9 月税理士法人山田＆パートナーズに入所。主に事業承継や資産税業務に従事し，銀行出向経験を経て，2017 年より山田＆パートナーズの米国現地法人に駐在。日米の税務専門家として，日米間における国際相続や資産承継コンサルティングを強みとしている。

酒徳　篤史（税理士）

税理士法人山田＆パートナーズ

名古屋商科大学会計ファイナンス学部卒業。名古屋商科大学大学院会計ファイナンス研究科修了後，2014 年に税理士法人山田＆パートナーズに入所。

相続税申告など個人資産税の申告・相談業務を中心に外国人従業員の確定申告や国際相

続・贈与に関わる税務アドバイスも行っている。

川島　友貴（弁護士）

立命館大学法学部卒業。大阪大学大学院高等司法研究科修了後，弁護士登録。2019年に税理士法人山田＆パートナーズに入所。オーナー系企業に対する事業承継等の税務コンサルティングや海外勤務者・租税条約についての税務アドバイスを行っている。

木﨑（吉野）　里佳

横浜国立大学大学院国際社会科学研究科国際関係法の博士課程前期修了，国際経済法学の修士学位を取得後，都内の税理士法人に約3年半勤務。同法人にて不動産SPCを中心に様々な業種に携わり，会社規模も小規模な会社から上場企業まで幅広く経験。その後，税理士法人山田＆パートナーズに入所し現在に至る。

杉山　健太（税理士・中小企業診断士）

マネージャー　税理士法人山田＆パートナーズ

慶應義塾大学経済学部卒業，青山学院大学会計プロフェッション研究科修了。金融機関・事業会社での勤務を経て，平成29年に税理士法人山田＆パートナーズへ入所。法人向けホールセール業務として組織再編やデューデリジェンス，移転価格税制等に従事。現在は事業会社オーナー・資産家における事業承継・相続対策について，国内・国際双方に関する税務アドバイスも行っている。

森村　元（税理士・行政書士）

森村国際会計グループ　代表　税理士・行政書士

2005年　マイツグループ入社。

2009年〜2013年　中国大連に駐在し，総経理等歴任。

2015年　森村国際会計事務所を開業。

2018年　インバウンド業務の増加に伴い，森村国際行政書士事務所を開業。

日本の税理士知識と，海外現地での実務知識の融合を得意としている日本人税理士，行政書士。日本企業のアウトバウンドビジネス，外国企業の日本へのインバウンドビジネスのサポートを親会社，現地子会社と中国人スタッフとともに密接にコミュニケーションをとりながら行っています。

【森村国際会計グループ】

海外へ進出する日本企業，日本へ進出する外国企業のサポート，相続対策を得意とする会計事務所，行政書士事務所，コンサルティング法人。中国語，英語対応可能。

http://morimurakokusaikaikei.com/

【著書】

『中国子会社の清算・持分譲渡の実務』（税務経理協会）

『中国・アジア企業　外資・外国人への税務支援入門』（税務経理協会）

『Q&A　海外進出・海外子会社・越境取引の税務』（税務経理協会）

『Q&A　海外所得・国際相続・贈与の税務』（税務経理協会）

よくある疑問を徹底解説
Q&A海外出張・出向・外国人の税務
〔第3版〕

2017年12月15日　初版発行
2021年 2 月15日　第2版発行
2024年 2 月10日　第3版発行

著　者　徳山義晃
　　　　森村　元
発行者　大坪克行
発行所　株式会社 税務経理協会
〒161-0033東京都新宿区下落合1丁目1番3号
http://www.zeikei.co.jp
03-6304-0505
印　刷　美研プリンティング株式会社
製　本　牧製本印刷株式会社
デザイン　原　宗男(カバー)
編　集　小林規明

本書についての
ご意見・ご感想はコチラ

http://www.zeikei.co.jp/contact/

本書の無断複製は著作権法上の例外を除き禁じられています。複製される場合は，そのつど事前に，出版者著作権管理機構（電話03-5244-5088，FAX03-5244-5089，e-mail：info@jcopy.or.jp）の許諾を得てください。

JCOPY < 出版者著作権管理機構 委託出版物 >

ISBN 978-4-419-06969-8　C3032

© 徳山義晃・森村 元 2024 Printed in Japan